ADAC Reiseführer

Côte d'Azur

von Marseille bis Menton

Von Hans Gercke

EIN ADAC BUCH

Inhalt

Traumküste und Küste zum Träumen – das tiefe Blau des Meeres gab ihr den Namen

Sehen und Gesehenwerden in St-Tropez, der Bühne der Reichen und Schönen

Küste der Künste – mit großen Museen wie der Fondation Maeght bei St-Paul

Kultur verbindet sich mit Natur – wie hier im Ölbaum-Museum von Cagnes

Goldene Pracht fern vom Trubel, im Hinterland bei Sisteron

Karten und Pläne

Dies und Das

Wer betrachtet eigentlich wen? Gelassene Schöne im Matisse-Museum von Nizza

Côte d'Azur aktuell A bis Z

Küste der Sinnenfreuden: bunte Duftwässerchen in der Parfumstadt Grasse

Traumküste Europas

Sei es in Europa oder anderswo: Es ist kaum ein faszinierenderes Landschaftserlebnis denkbar als da, wo **Berge** und **Meer** – die beiden Urelemente, Stein und Wasser, das Feste und das Flüssige – aufeinander treffen. Fast immer hat diese Begegnung etwas Dramatisches, Dynamisches, etwas, das Einblick gewährt in Prozesse, die längst noch nicht abgeschlossen sind, die in ständig neuem Werden und Vergehen das Bild einer Landschaft entstehen lassen.

Unvergleichlich etwa sind die Klüfte und Klippen der Calanques bei Marseille; die Berge selbst sind an der Küste zwar selten höher als 800 m (im Hinterland von Nizza jedoch über 2000 m), doch sie wirken ungemein monumental, da sie unmittelbar vom Meeresspiegel aus aufragen. Hinzu kommen die Klarheit der **Luft**, vielleicht auch ihr silbriger Dunst, die Weite der Sicht, sanfte oder auch kraftvolle, stürmische Winde und die brennende Strahlkraft der **Sonne**, deretwegen heute Millionen im Sommer an die Küste pilgern – kurz, das **Spektrum der vier Elemente** ist auf eindrucksvolle Weise komplett – gar nicht zu reden von den Waldbränden, die (mitunter leichtfertig oder auch mit Absicht von Bauspekulanten entfacht) in regelmäßigen Abständen diese Küste heimsuchen.

Die Schroffheit der Elemente freilich wird gemildert oder gewandelt – ohne dass dabei die Großartigkeit des Ganzen gemindert würde – durch das, was sie hervorbringen: die mediterrane **Vegetation**, deren Formen und Farben – man vergegenwärtige sich die Kronen der Pinien, das dunkle Züngeln der Zypressen, das Silber der Ölbäume – nicht weniger elementar sind als die Kräfte, die sie am Leben erhalten.

Ja, und dann die **Farben**: Die Felsen der Küstengebirge prangen und strahlen, je nach geologischer Beschaffenheit, in gleißendem Weiß oder kraftvollen Rot- und Gelbtönen. Himmel und Meer sind

Links: *Genießen, was die Côte d'Azur in Überfülle bietet: üppige Flora wie in La Croix-Valmer bei St-Tropez*

Oben: *Stille Plätze zum Staunen über das intensive Blau von Meer und Himmel – wie hier in St-Clair bei Le Lavandou*

Unten: *Grandiose Ausblicke auf die Küste bieten sich überall, hier vom Cap Roux zwischen St-Raphaël und Cannes*

selten so blau wie hier – die französische Mittelmeerküste hat nicht von ungefähr (1887 von Stephan Liégard) diesen Namen erhalten: Côte d'Azur, azurblaue Küste.

Künstlerglück

Es waren die Fülle und die Intensität der Farben, die an der Schwelle zum 20. Jh.

die Künstler an diese Küste lockten und einer neu aufkeimenden Sehnsucht Nahrung boten. *Paul Cézanne* machte den Anfang, das Fischerdorf Estanque – heute ein Vorort von Marseille – war von Aix aus leicht zu erreichen. Wenige Jahrzehnte später wurden die Côte und ihr Hinterland dann zu einem *Dorado der Fauves* und ihrer Nachfolger.

Wer die Kunst der klassischen Moderne gleichsam ›vor Ort‹ studieren will, begegnet ihnen allen, zum Teil in sehr bemerkenswerten, vorbildlich gestalteten, ausgestatteten und geordneten **Museen**: Matisse und Chagall in Nizza, Renoir in Cagnes, Léger in Biot, Picasso in Cannes.

So schön die Mittelmeerküste auch anderswo ist, nur an der Côte d'Azur gibt es eine solche Konzentration künstlerischer Potenz, die im Übrigen bis in die Gegenwart hinein weiter verfolgt werden kann: Mittelpunkt des Musée d'Art Moderne et d'Art Contemporain in **Nizza** z. B. ist ein Platz, der nach einem großen Sohn der Stadt benannt wurde, nach *Yves Klein* (1928–1962), der den größten Teil seines Werkes jener Farbe gewidmet hat, die der Küste ihren Namen gab.

Tatsächlich waren es letztlich die Maler, die die Küste entdeckt und als Touristenattraktion bekannt gemacht haben. Allerdings hat sich der Sonnen- und Badetourismus erst wesentlich später entwickelt: Im 19. Jh. wäre kein Mensch auf die Idee gekommen, sich ausgerechnet in der größten Sommerhitze der Sonne auszusetzen und so die damals beliebte ›vornehme Blässe‹ unter erheblichen Qualen einzubüßen. Nein, man besuchte die Côte im Winter, man genoss das laue Klima, wandelte unter Palmen und erging sich in der betörenden Blütenpracht märchenhaft angelegter Gärten.

Natur und Architektur

Zum besonderen Reiz dieser Landschaft gehört auch ihre architektonische Überformung: Dicht und kristallin bauen sich die **typischen ligurischen Städtchen** auf steilen Felskuppen auf, befestigte Adlernester in halbwegs sicherer Entfernung von der Küste, die nicht nur Handelsweg, sondern mindestens ebenso sehr auch

Bedrohung war. Wobei die Rollen mitunter vertauscht wurden: Wie Raubritter brachen die Seeräuber von ihren Felsenhorsten auf, um zu Wasser und zu Land reiche Beute zu machen.

Gewachsener und gebauter Stein bilden eine Einheit von imponierender Schönheit. Für das Auto sind diese ›Villages perchés‹ mit ihren aufeinander getürmten Treppchen und Gassen, Torbögen und Gängen nicht gemacht. Obgleich man sich mitunter wundert, wie ein solch kleines, wendiges Gefährt dann doch auf einen winzigen gepflasterten Parkplatz gelangen konnte, der – auf den ersten Blick zumindest – nur über eine uralte, steile Treppe erreichbar zu sein scheint.

Was die Harmonie von Natur und Architektur betrifft, so ist freilich auch dies unübersehbar: Der **Sommer- und Sonnentourismus**, der im 20. Jh. die Côte zu einer der frequentiertesten Ferienlandschaften Europas machte, hat hier einiges an ursprünglicher Schönheit zerstört. Rund um **Cannes** etwa entwickelte sich ein Ballungsgebiet, das über viele Kilometer die Küste mit zum Teil ausgesprochen hässlichen und stereotypen Hotelbauten zubetoniert hat.

Bevor die Touristen – vor allem die Engländer – kamen und die zuckertortenartigen Grandhotels gebaut wurden, waren die Côte und ihr raues, bergiges Hinterland eine arme Gegend. Wie aber der Traum vom wieder gefundenen Paradies buchstäblich in klingende Münze umgewechselt werden kann, wird nirgendwo deutlicher als im Operettenstaat **Monaco**, den es ohne seine Spielbank wahrscheinlich längst nicht mehr gäbe. Hier steigert sich die bauliche Verdichtung der Küste zu einer Art Mini-Hongkong, Wolkenkratzer schießen in die Höhe, Glas und Chrom gleißen im Sonnenlicht.

Man braucht Zeit, um auf der gut ausgebauten Autoroute vom einen Ende der Côte bis zum anderen zu gelangen (im-

Links oben, rechts unten: *Strandleben in verschiedenen Variationen in Cannes*

Rechts oben: *Pablo Picassos ›Krieg und Frieden‹ im Museum von Vallauris. Hier ein Ausschnitt aus dem ›Frieden‹*

Links unten: *Blick vom Schlossberg in Nizza über die Baie des Anges*

merhin 300 km). Aber Stunden dauert es im Sommer auch, um von einer Autobahnabfahrt das Zentrum einer dieser berühmten Badeorte oder gar den Strand zu erreichen. Halb Frankreich – neben den Touristen aus aller Welt – macht hier Urlaub (die andere Hälfte bevölkert derweil die Atlantikküste).

Die fast schon verlassenen und, so schien es noch bis vor kurzem, weitgehend dem Untergang geweihten kleinen Orte im Hinterland profitieren vom Verkehrskollaps der Küste. Selbstbewusst machen sie neuerdings auf sich aufmerksam: Meer gebe es hier zwar nicht, heißt es in ihren Prospekten, dafür aber ein Mehr an Ruhe, Natur und Entspannung.

Sinnenfreuden

Es war von den vier Elementen die Rede. Aber sicher nicht weniger angebracht wäre es, auf die fünf Sinne zu verweisen. Sie alle kommen an der Côte auf ihre Kosten. Zu *sehen* gibt es viel, doch den Wind, den Sand, die Felsen, das Meer und manches sonst noch kann und sollte man auch *fühlen*, den Duft der Blumen sollte man *einatmen*, den von Thymian, Rosmarin und Lavendel und – ja, auch den vom eben gefangenen Fisch, der morgens am Hafen verkauft wird.

Spätestens beim Stichwort ›Fisch‹ wären wir dann beim *Sinn Nummer vier*, denn die **Küche** der Provence, speziell die der Côte, lohnt allein schon die Reise hierher. Dabei ist sie eher deftig, rustikal – klar, einfach und prägnant wie alles in diesem Land, zumindest dort, wo sie nicht vom Tourismus verdorben wurde. Und schließlich fünftens: Zu *hören* gibt es mancherlei, vom Rauschen des Meeres über das Brummen der im Stau steckenden Automobile bis hin zum rauschhaft enervierenden, omnipräsenten Sirren und Schaben der Zikaden.

Im Hinterland:
Oben: *Ortsfest in Aups (im Norden des Département Var gelegen)*

Rechts oben: *Bunte Düfte aus Gourdon, nördlich von Grasse*

An der Küste:
Unten: *Grenznah und mit italienischem Flair: Menton (ital.: Mentone)*

Rechts unten: *Augen- und Gaumenfreuden aus der Region*

Seit Urzeiten bevölkert

Historisch öffnet sich ein Panorama von Jahrtausenden. Erst 1991 wurden in einer nur vom Meer her zugänglichen Grotte bei Marseille Malereien entdeckt, die älter sind als die der Höhlen von Altamira und Lascaux. Über die Völker, die in Urzeiten die Mittelmeerküsten besiedelten, wissen wir wenig.

Risikofreudige **Griechen** brachen im 7. Jh. v. Chr. aus den übervölkerten Kolonien Kleinasiens auf und gründeten lebhafte Handelsniederlassungen an der heute französischen Küste. Es scheint, als sei man zunächst gut mit den hier ansässigen Ligurern ausgekommen, zumal die Griechen keinerlei Ambitionen hatten, weiter ins Landesinnere vorzudringen. Erst das Auftreten der Kelten brachte Unruhe, rief schließlich sogar die Römer als Schutzmacht und Eroberer auf den Plan.

Über den Untergang des Römerreiches hinaus bewahrte das **Christentum** viel vom Erbe der Antike. Im Bereich von Marseille (St-Victor) und den Îles de Lérins begegnen wir ältesten, noch vorbenediktinischen Zeugnissen abendländischen Mönchtums.

Die Epoche einer eigenständigen, weit über die Côte hinausreichenden europäischen Kultur mediterraner Prägung fand in den **Religionskriegen** des 13. Jh. ihr abruptes Ende. Frankreichs zentral organisierte Hegemonie entmündigte den Süden, der erst neuerdings wieder zunehmend an Selbstbewusstsein gewinnt. Im Zuge der Relativierung nationalstaatlicher Strukturen zugunsten einer Emanzipierung kleinerer, historisch gewachsener Einheiten unter dem Dach des ›gemeinsamen Hauses‹ Europa eröffnen sich auch dieser Region neue Perspektiven.

Der Reiseführer

Dieser Band stellt die **Côte d'Azur** und ihr **Hinterland** in *acht Kapiteln* vor. Der Autor führt von Marseille bis zur italienischen Grenze nach Menton. *Übersichtskarten* und *Stadtpläne* erleichtern die Orientierung. Besondere Empfehlungen zu Hotels, Restaurants, Museen oder schönen Aussichtsplätzen geben die **Top Tipps**. Den Besichtigungspunkten sind **Praktische Hinweise** mit Tourismusbüros sowie Hotel- und Restaurantadressen angegliedert. Der **Aktuelle Teil** bietet alphabetisch geordnet Nützliches von Informationen vor Reiseantritt über Einkaufen, Essen und Trinken, Feste und Feiern bis zu Verkehrsmitteln. Hinzu kommt ein umfassender **Sprachführer**. Informative und amüsante **Kurzessays** runden den Reiseführer ab.

Geschichte, Kunst, Kultur im Überblick

um 900 000 v. Chr. Älteste Zeugnisse menschlicher Besiedlung im Bereich der Provence (Funde von Le Vallonet).

um 500 000 v. Chr. Zeugnisse altsteinzeitlicher Besiedlung bei Nizza (Terra Amata).

um 25 000 v. Chr. Aufsehenerregende Funde von hervorragend erhaltenen Wandmalereien in einer nur submarin zugänglichen Grotte bei Marseille [Grotte Casquer; s. S. 22] bezeugen die Anwesenheit des Menschen zu einer Zeit, in der der Wasserspiegel des Mittelmeers (wegen der Eiszeit, die große Mengen des Wassers in den Gletschern band) rund 120 m tiefer lag als heute: Inselgruppen wie die Îles d'Hyères waren damals noch mit dem Festland verbunden.

um 5000 v. Chr. ›Neolithische Revolution‹: Die Menschen werden sesshaft, betreiben Ackerbau.

1800–800 v. Chr. Bronzezeit. Ligurer bevölkern die Provence.

um 1000 v. Chr. Lebhafter Seehandel an den Küsten des Mittelmeers durch Phönizier und Griechen.

8.–4. Jh. v. Chr. Invasion der Kelten, die sich mit den Ligurern vermischen und feste Siedlungen (*Oppida*) gründen.

um 600 v. Chr. Griechen aus Phokis in Kleinasien gründen Marseille (Massalia).

542 v. Chr Die Kriegsflotte der Karthager überfällt Massalia. Die Karthager setzen sich im Küstengebiet fest und werden von dort erst 482 wieder vertrieben.

4. Jh. v. Chr. Blütezeit Massalias. Pytheus der Seefahrer erforscht die Nordmeere, Massalia gründet Kolonien – Monoikos (Monaco), Emporion (Ampurias), Antipolis (Antibes) – und beherrscht die Küste. Zu den Kelto-Ligurern im Hinterland bestehen gute Beziehungen.

218 v. Chr. Hannibal zieht im 2. Punischen Krieg (218–202) von Spanien durch die Provence und überquert die Alpen. Massalia ist gegen ihn mit den Römern verbündet.

217 v. Chr. Die massaliotische Flotte besiegt, unterstützt von den Römern, die Flotte des Karthagers Himilcon.

197 v. Chr. Die Römer haben sich gegen Karthago durchgesetzt und gründen auf der Iberischen Halbinsel die beiden ersten außeritalienischen Kolonien, Hispanica citerior und ulterior. Damit gewinnt die uralte ›Straße des Herkules‹, die spätere Via Domitia bzw. Via Aurelia (heute Route Nationale 7), als Verbindung zwischen Spanien und Italien an Bedeutung.

2. Jh. v. Chr. Massalias Beziehung zu den Kelten im Hinterland verschlechtert sich.

181, 154 und 125 v. Chr. Massalia ruft das mit ihm verbündete Rom gegen die keltischen Saluvier zu Hilfe.

123 v. Chr. Der Hauptort der Saluvier, Entremont, wird daraufhin von den Truppen der Feldherrn M. Fulvius Flaccus und C. Sextius Calvinus dem Erdboden gleichgemacht.

58–51 v. Chr. Cäsar erobert im Gallischen Krieg (Bellum Gallicum) ganz Gallien.

49 v. Chr. Cäsar erobert im Bürgerkrieg gegen Pompeius Massalia, das sich nicht auf seine Seite gestellt hatte und künftig als ›Massilia‹ mit dem gesamten Küstenstreifen unter römischer Oberhoheit steht. Gründung der Römerstadt Forum Iulii, des heutigen Fréjus.

27 v. Chr. Kaiser Augustus macht Lugdunum (Lyon) zur Hauptstadt ganz Galliens.

6 v. Chr. Kaiser Augustus errichtet das Monument der Unterwerfung und Befriedung des Landes in La Turbie (›La Trophée‹).

285–305 n. Chr. Regierungszeit des Kaisers Diokletian. Er organisiert die Reichsverwaltung neu; Lyon verliert seine Funktion als Hauptstadt Galliens.

308 Konstantin der Große macht Arelate (Arles) zur kaiserlichen Residenz.

um 410 Der aus Trier stammende hl. Honoratus gründet auf der später nach ihm benannten Île St-Honorat (Îles de Lérins) eines der ersten Klöster des Abendlandes.

443 Die vom Rhein vertriebenen Burgunder gründen an der Rhône ein neues Reich. Königssitz ist seit 461 Lyon.

471 Der Westgotenkönig Eurich erobert Arles.

476 Ende des weströmischen Reiches. Vienne wird Hauptstadt der Burgunder.

Fréjus: Erinnerung an römische Vergangenheit

523 Theoderich der Große gliedert die Provence seinem Ostgotenreich ein.

534/536 Burgund und die Provence werden Teil des Frankenreichs, das damit den Zugang zum Mittelmeer gewonnen hat.

7. Jh. Neue Blütezeit der Provence (Klostergründungen) unter den fränkischen Hausmeiern.

719 Invasion der Araber.

732 Karl Martell besiegt die Araber bei Tour und Poitiers, die aber auch in der Folgezeit als ›Sarazenen‹ immer wieder die Küste bedrohen.

741 Nach dem Tod von Karl Martell wird das Reich geteilt.

800 Kaiserkrönung Karls des Großen, der das Reich wieder eint.

843 Teilungsvertrag von Verdun über das Karolingerreich: Karl II. erhält das spätere Frankreich, Ludwig der Deutsche Deutschland, Lothar das Mittelreich (›Lotharingien‹) mit Burgund und mit der Provence.

855 Nach Lothars Tod wird sein Herrschaftsgebiet aufgeteilt: Ludwig II. erhält die italienischen Gebiete und die Kaiserwürde, Lothar II. Mittelfranken (Lothringen), Karl Burgund und das nun selbstständige Königreich Provence.

863 Nach dem Tod Karls wird sein Besitz zwischen den beiden überlebenden Brüdern geteilt: Lothar erhält Burgund, Ludwig II. wird König der Provence.

875 Nach dem Tod Ludwigs II. zerfällt das Frankenreich.

879 Die Adligen der Provence erheben einen der Ihren, Boso von Vienne, zum König. Boso vereinigt Burgund und Provence zum Königreich Niederburgund (im Gegensatz zum 888 gegründeten welfischen Königreich Hochburgund).

um 934 Vereinigung der beiden burgundischen Reiche zum Königreich Arelat (nach seiner Hauptstadt Arles).

10. Jh. Einfälle der Sarazenen, Normannen, Ungarn. Benediktinische Klostergründungen.

972 Guillaume d'Arles besiegt die Sarazenen und nennt sich fortan ›Graf der Provence‹. Er gilt als Stammvater der Grafen der Provence aus den Häusern Toulouse und Barcelona.

973 Eroberung des maurischen Groß-Fraxinet durch Wilhelm I., Graf der Provence und damit Ende der Übergriffe durch die Sarazenen.

1032 Das Königreich Burgund wird in das Deutsche Reich eingegliedert.

1125 Nach dem Aussterben der Grafen von Arles (1112) wird die Provence zwischen den Grafen von Toulouse und Barcelona aufgeteilt.

1136 Gründung des Zisterzienserklosters Le Thoronet.

1162 Kaiser Friedrich Barbarossa erkennt Raymond Béranger von Barcelona als Graf der Provence an.

1178 Der Kaiser beendet die Streitigkeiten zwischen den Grafen von Barcelo-

Napoleons Rückkehr aus Elba (1815) in der Sicht eines zeitgenössischen Karikaturisten

Als man noch im Winter an die Riviera fuhr…

na und Toulouse durch seine demonstrative Krönung zum König der Provence in Arles.

1194 Raymond VI. (gest. 1222) wird Graf von Toulouse. Er sympathisiert mit den Ideen der Albigenser, die das Papsttum und die katholische Kirche ablehnen.

1206 Beginn der Predigertätigkeit des hl. Dominikus gegen die Albigenser.

1208 Ermordung des päpstlichen Legaten Pierre de Castelnau, für die Raymond VI. verantwortlich gemacht wird.

1209 Unterwerfung und Buße Raymonds VI., dennoch Beginn des ›Albigenserkreuzzugs‹.

1229 Mit der Unterwerfung Raymonds VII. (1222–1249) enden im Frieden von Paris die Albigenserkriege. Das südliche Languedoc fällt fast ganz an die französische Krone.

1246 Karl I. von Anjou, ein Bruder Ludwigs IX., des Heiligen (1226–1270), heiratet Béatrice von Provence, die Tochter des Grafen Raymond Béranger von Barcelona, der seine Besitzungen behalten hatte, und wird so Graf der Provence.

1250 Nach dem Tod des Stauferkaisers Friedrich II. ist Ludwig IX. der mächtigste Herrscher im Abendland.

1285 Philipp IV., der Schöne (1285–1314), regiert in Frankreich. Systematisch dehnt Frankreich sein Herrschaftsgebiet nach Süden aus. Dabei gelingt es Philipp, auch das Papsttum unter seine Gewalt zu bringen.

1303 Der mächtige Papst Bonifaz VIII. wird vom französischen König gefangen genommen.

1309 Der französische Papst Clemens V. lässt sich auf Anraten Philipps in Avignon nieder. Damit beginnt die langjährige ›Babylonische Gefangenschaft der Päpste‹.

1309–76 Päpste residieren in Avignon.

1378–1417 Abendländisches Schisma; Avignon ist bis 1408 die Residenz des Gegenpapstes.

1388 Die Grafschaft Nizza fällt an Savoyen.

1404 Anlage des Kriegshafens von Toulon.

1481 Karl von Maine, der Neffe König Renés, vermacht die Provence testamentarisch dem französischen König.

1486 Die drei Stände der Provence ratifizieren in Aix den Anschluss der Provence an Frankreich.

1539 Französisch wird Verwaltungssprache der Provence.

1560–98 Religionskriege in Frankreich.

1598 Heinrich IV. erlässt das Edikt von Nantes: Gewissensfreiheit für Protestanten. Ende der Religionskriege.

1620 Der Bildhauer und Architekt Pierre Puget wird in Marseille geboren.

1685 Ludwig XIV. widerruft das Edikt von Nantes. Rund 500 000 Hugenotten wandern in protestantische Länder aus.

1771 Das Parlament von Aix wird aufgelöst.

1787 Protestantenerlass: Den Protestanten wird Glaubensfreiheit gewährt.

1789 Wahl der Generalstände. Beginn der Französischen Revolution.

1791 Der aus Aix gebürtige Graf Mirabeau (geb. 1749), der Vermittler zwischen Royalisten und Republikanern, stirbt.

1792 500 Freiwillige aus Marseille marschieren nach Paris und singen dabei das von Rouget de Lisle in Straßburg komponierte ›Lied der Rheinarmee‹, das als ›Marseillaise‹ berühmt und später zur französischen Nationalhymne wird.

1793 Toulon wird unter Führung Bonapartes von den Republikanern erobert. Nizza kommt von Savoyen zu Frankreich.

Kameras, Küsschen, Ovationen – auch bei den 50. Filmfestspielen von Cannes 1997 versammelten sich die Stars, darunter Leonardo diCaprio, John Malkovich und Gérard Dépardieu

1815 Napoleons Marsch auf Paris (›Route Napoléon‹).

1834 Lord Brougham ›entdeckt‹ die klimatischen Vorzüge von Cannes.

1860 Volksentscheid in Nizza, das endgültig zu Frankreich kommt.

1919 3. Dezember: Tod Renoirs, der sich 1907 in Haut-de-Cagnes niedergelassen hatte. Picasso verbringt zum ersten Mal – und dann immer häufiger – den Sommer an der Côte d'Azur.

1928 Yves Klein wird in Nizza geboren.

ab 1933 Emigranten (Bertolt Brecht, Heinrich und Thomas Mann, Lion Feuchtwanger, später Franz Werfel u. a.) lassen sich vorübergehend an der Côte d'Azur nieder.

1944 Landung der Alliierten in Toulon, Befreiung des nationalsozialistisch besetzten Frankreich.

1946 Picasso wird nach Vallauris eingeladen und arbeitet in Antibes. Gründung der Filmfestspiele von Cannes.

1950 Brigitte Bardot lässt sich in St-Tropez nieder.

1951 Kapelle in Vence geweiht.

1952 Picasso malt seinen Zyklus ›Krieg und Frieden‹, der später in der Kapelle von Vallauris angebracht wird.

1954 3. November: Henri Matisse in Nizza gestorben.

1973 8. April: Picasso, der seit 1955 ständig an der Côte d'Azur wohnte, stirbt in Mougins.

1985 28. März: Marc Chagall stirbt in St-Paul.

1986 Liberal-konservative Regierung. Die rechtsradikale ›Front National‹ Jean-Marie le Pens zieht in die Nationalversammlung ein und erhält an der Côte d'Azur bis zu 20 % der Stimmen.

1990 Eröffnung des Musée d'Art Moderne et d'Art Contemporain in Nizza.

1995 und 1997 Erhebliche Einbußen der etablierten Parteien bei den Kommunal- und Präsidentschaftswahlen. In etlichen Städten (u. a. Toulon, Nizza und Marignanc) kommt die rechtsradikale ›Front National‹ an die Regierung.

2000 Das 100 000 m^2 umfassende Dockareal der 1861 erbauten Speicherstadt ›Les Docks de La Joliette‹ in Marseille wird zum Kultur- und Freizeitpark umgestaltet.

Henri Matisse 1946 in Vence

Sehenswürdigkeiten

Marseille – Frankreichs Tor zur Welt

Marseille ist besser als sein Ruf. Die ungemein lebendige und in vieler Hinsicht attraktive **Hafenstadt**, die in jüngster Zeit vielfach vor allem durch soziale Probleme negative Schlagzeilen machte, hat sich jedoch in den letzten Jahren mehr und mehr stabilisiert und zu einer internationalen **Metropole der Kultur** entwickelt. Die wahrhaft multikulturelle Stadt ist, stärker als alle anderen der französischen Mittelmeerküste, Frankreichs Tor zur Welt. Wenn sie auch streng genommen nicht mehr zur Côte d'Azur gehört, so ist Marseille doch für viele Urlauber der Auftakt zu einer Reise entlang einer der reizvollsten Küstenregionen Europas.

TOP TIPP 1 Marseille

Plan hintere Umschlagklappe

Die älteste und mit 1,2 Millionen Einwohnern (1999) zweitgrößte Stadt Frankreichs.

›Massalia‹, so lautet der ursprüngliche Name der Stadt, wurde um 600 v. Chr. von griechischen Siedlern aus Phokäa in Kleinasien gegründet. Zwischen dem neuen Handelsstützpunkt und den keltischen ›Oppida‹ im Hinterland, insbesondere Entremont, bestanden lebhafte, zunächst friedliche Kontakte. Als es dennoch zu kriegerischen Auseinandersetzungen kam, riefen die Massalioten erstmals 181 v. Chr. die **Römer** zu Hilfe. Dies geschah drei Mal, 181, 154 und 125 v. Chr. Die Römer setzten sich daraufhin erst in der Gegend von Aix, später in ganz Gallien fest. Dabei blieb Massalias Autonomie unangetastet – die Römer sorgten für Ordnung im Hinterland, die Griechen trieben ungestört Handel an der Küste.

Dieses Einvernehmen änderte sich erst, als Massalia beschloss, im römischen Bürgerkrieg zwischen Pompeius und Cäsar (49–46 v. Chr.) nicht für diesen Partei zu ergreifen, sondern neutral zu bleiben. Cäsars Truppen eroberten Massalia, die Stadt verlor in der Folgezeit ihre Privilegien zugunsten anderer, nun von den Römern bevorzugter Städte wie insbesondere Arles.

In nachchristlicher Zeit wechselten Massilias Machthaber häufig. Im 6. Jh. unterstand die Stadt den Ostgoten des

Der Alte Hafen von Marseille, überragt von der Wallfahrtskirche der Seefahrer, Notre-Dame-de-la-Garde ▷

Vorhergehende Doppelseite: *Glitzerndes Paradies ohne Steuern: das Fürstentum Monaco*

Theoderich, 536 gehörte sie zum Reich Clothars I., 561 zu *Austrien*, dem Ostteil des fränkischen Herrschaftsgebiets. Nach dem Zerfall der **Merowingerherrschaft** wurde Marseille vorübergehend selbstständig, 736–739 eroberte der fränkische Hausmeier Karl Martell mit der gesamten Provence auch Marseille.

Als nach dem Ende des Frankenreichs Boso von Vienne 879 das Königreich Arelat (Niederburgund) gründete, wurde Marseille als Vicomté Arles unterstellt (Vicomté = Sitz eines Vizegrafen).

Das 10. und 11. Jh. waren geprägt von Streitigkeiten zwischen geistlicher und weltlicher Macht, das 12. und 13. Jh. vom Konflikt zwischen den Ansprüchen der letzteren und denen eines aufstrebenden Bürgertums. 1257 eroberte Karl von Anjou die Stadt, 1480 fiel Marseille mit der gesamten Provence an Frankreich. Die Stadt erlebte in den folgenden beiden Jahrhunderten einen wirtschaftlichen Aufschwung, doch raffte die Pest 1720 über die Hälfte der damals 76 000 Einwohner dahin.

Ein neuer Aufstieg begann 1869 mit der **Eröffnung des Suezkanals**: Marseille wurde zum größten Hafen des Mittelmeers, zum Tor nach Afrika und zum Orient. Dies hatte vor allem während des Zweiten Weltkriegs und danach gravierende Folgen: Während der Nazizeit verließen zahllose Emigranten von hier das Land; der Flüchtlingsstrom versiegte allerdings, als Himmler 1943 die Zerstörung eines großen Teils der Altstadt befahl.

Nach dem Zweiten Weltkrieg entstanden mit der Eröffnung des Großhafens Marseille-Fos zahlreiche neue Arbeitsplätze, die sehr viele Einwanderer aus den Kolonien, insbesondere aus Algerien anzogen (sog. ›Pieds-Noirs‹). Diese ließen sich vorwiegend im Norden der Stadt nieder, in Stadtvierteln, die noch bis in die 70er-Jahre des 20. Jh. ausgesprochenen Slum-Charakter aufwiesen (sog. Bidonvilles). Inzwischen hat man einiges unternommen, um die Wohnsituation auch in solchen Vierteln zu verbessern.

Besichtigung Die Autobahn, die von Aix nach Marseille führt, nimmt schon von weitem das Wahrzeichen der Stadt ins Visier: Die Wallfahrtskirche **Notre-Dame-de-la-Garde** ❶ (tgl. 7–19.30, im Winter bis 18.30 Uhr). Wer sich einen Überblick über Marseille verschaffen will, sollte zuerst dort hinauf fahren, zum *Plateau de la Croix*, von dessen Esplanade sich das Panorama der Stadt in seiner ganzen imponierenden Spannweite zwischen Bergen und Meer darbietet.

Die von Henri Espérandieu an der Stelle einer alten Wallfahrtskirche um die Mitte des 19. Jh. im ungemein aufwendigen byzantisch-romanischen Stil erbaute Kirche ist eines jener bizarren Marienheiligtümer, die in Frankreich häufig die Stadtsilhouette um eine exotische Note bereichern (so z. B. auch in Paris und Lyon).

Gerade in Südfrankreich gehen solche Heiligtümer noch auf vorchristliche Kultstätten zurück. Auf den höchsten Berggipfeln begegnen wir immer wieder Kapellen, die der Muttergottes geweiht sind, und auch an der Küste ist der *Kult der Notre-Dame-de-la-Garde*, der wachsamen Beschützerin, weit verbreitet [s. S. 33].

Im Fall von Marseille kommt zweierlei zusammen: Das 19. Jh. ist, nach der Eröffnung des Suezkanals (1869), für die Hafenstadt eine Epoche geradezu explosiv aufbrechender Blüte. Marseille öffnet sich dem Welthandel – nicht von ungefähr bestimmen Bauten aus dieser Zeit bis heute das Stadtbild. Zum anderen ist die Marienkirche nicht nur Wahrzeichen, sondern zugleich Orientierungspunkt – eine Art Leuchtturm auch im metaphorischen Sinn: Unzählige Votivtafeln in der Unterkirche belegen die Inbrunst, mit der hier Seefahrer bis heute zu Maria beten, dem ›Stern der Meere‹, sie um sichere Heimkehr bitten oder ihr für eine solche danken.

Man erkennt von hier oben die exponierte geographische Lage, die weißen Kalkberge, die Weite der Bucht der ›Rade de Marseille‹, den natürlichen Hafen Lacydon, der Keimzelle und Zentrum der Stadt ist, freilich ursprünglich weiter landeinwärts lag, und die Inseln Frioul und Château d'If, die einst, in grauer Vorzeit, die Gipfel kleiner Vorgebirge waren. Es lohnt von der Place Général-de-Gaulle am Quai des Belges zum **Château d'If** ❷ hinauszufahren –

Die düstere Vergangenheit sieht man dem Chateau d'If nicht mehr an – in seinen feuchten Kerkern schmachteten zahllose politische Gefangene

Täglich von 7 bis 9 Uhr: Fischmarkt am Vieux Port

halbstündlich verkehren die Schiffe – und sich die Festung anzuschauen, die Franz I. 1524–28 erbaut hat und die seit dem 17. Jh. – fortifikatorisch bereits veraltet – als *Staatsgefängnis* diente. Als solches wurde sie weltberühmt durch *Alexandre Dumas'* Roman ›Der Graf von Monte Christo‹; man kann die Zellen besichtigen, in denen prominente Gefangene, unter ihnen Graf Mirabeau, schmachteten. Wichtiger noch ist die Rückfahrt: Marseille hat, wie alle Hafenstädte, zwei Gesichter: Ebenso informativ und faszinierend wie der Blick von oben ist die Sicht vom Meer.

Vieux Port 3

Wir fahren also ein in das Becken des Alten Hafens, von dem aus wir später unseren Rundgang beginnen werden. Hier gingen um 600 v. Chr. die von den Persern bedrängten Aussiedler aus Phokäa an Land; ihr Anführer war jener Protis, den die Sage so charmant zum Stadtgründer macht: Gyptis, die Tochter des Ligurerkönigs Nann, soll dem jugendlichen Ankömmling vor allen Freiern den gefüllten Becher gereicht und ihn damit zum Auserwählten gemacht haben: Die Hochzeit zwischen Ligurern und Griechen wurde gefeiert. Eine *Bronzetafel* am Quai des Belges markiert die Stelle, an der Protis seinen Fuß auf provenzalischen Boden gesetzt haben soll – nun, ganz stimmt es nicht, denn hier war damals nur Sumpf, der antike Hafen lag weiter nördlich, landeinwärts.

Einiges spricht übrigens dafür, dass schon vor den Phokäern Griechen aus Rhodos diese Küste befuhren – möglicherweise also hatte Massalia bereits eine Vorgängerin und wäre damit älter als ›lediglich‹ 2500 Jahre. In jedem Fall ist die Gegend uraltes Siedlungsgebiet: Einer Sensation kam es gleich, als 1991 am **Cap Morgiou**, südlich von Marseille, von Tauchern eine nur unter Wasser zugängliche Grotte entdeckt wurde, deren zahlreiche und künstlerisch höchst bedeutsame Malereien und Ritzzeichnungen es an Schönheit und Lebendigkeit mit denen von Lascaux und Altamira aufnehmen können. Die Wissenschaftler schätzen die Malereien der **Grotte Casquer** auf ein Alter von rund 27 000 Jahren. Damals waren die Höhlen noch trockenen Fußes zugänglich, denn die Küste befand sich rund 10 km weiter südlich, d. h. der Wasserspiegel lag – infolge größerer, noch in Gletschereis gebundener Wassermengen – wesentlich tiefer als heute. Interessant ist, dass er sich noch in der Römerzeit 40–45 cm unter dem heutigen Niveau befand; seit der Null-Festlegung des Wasserspiegels 1885/87 ist das Meer bei Marseille um rund 11 cm gestiegen.

Selten wurde ein Hafen so zentral und bestimmend ins Stadtbild integriert wie hier. Allerdings hat Marseille sehr gelitten durch die barbarische *Zerstörung seiner Altstadt*. Am 1. Februar 1943 begannen die deutschen Besatzer mit systematischen Sprengungen. Die engen, unüberschaubaren Gassen und Quartiere waren zu einem Refugium der Verfolgten und Flüchtenden geworden, die auf eine Möglichkeit zur Ausreise warteten. Die Nationalsozialisten wussten nichts Besseres zu tun, als diese Verstecke mit Gewalt zu beseitigen. Nur wenige historische Bauten wurden verschont. Der Wiederaufbau vollzog sich in Eile und mit wenig Geld. Der damit beauftragte Architekt, *Auguste Perret*, an sich ein prominenter Pionier des neuen Bauens in Frankreich, wurde wegen seiner eintönigen Hafenbebauung vehement kritisiert. Aus heutiger Sicht muss dennoch festgestellt werden: Perrets Architektur mit ihren Arkadengängen, Treppen, Bögen und Sichtachsen ist besser als ihr Ruf. Heutigen Anforderungen genügen die Hafenanlagen des 19. Jh. längst nicht mehr. Derzeit wird eine 1861 entstandene, 100 000 m^2 umfassende Speicherstadt, *Les Docks de La Joliette*, zu einem gigantischen Kultur- und Freizeitpark umgestaltet. Besondere Attraktion ist eine multimediale Ausstellung zu den prähistorischen Wandmalereien der *Grotte Cosquer* (tgl. 10–18 Uhr).

Der Vieux Port dient heute als **Jacht- und Fischereihafen** – es ist spannend zu sehen, wenn morgens die Fischkutter einlaufen und gleich an Ort und Stelle ihren Fang auf dem Fischmarkt am Quai des Belges verkaufen (tgl. 7–9 Uhr).

Der **Hafeneingang** ist dreifach gesichert: Außer dem vorgelagerten Château d'If bewachen das **Fort St-Jean** 4 auf der nördlichen und auch das **Fort St-Nicolas** 5 auf der südlich begrenzenden Landzunge den Zugang. Beide entstanden im 17. Jh. unter Ludwig XIV. anstelle älterer Befestigungsanlagen. Von 1905 bis 1944 waren beide Forts durch eine kühne eiserne Brücke (›Pont transbordeur‹) verbunden, heute ist dieses Wahrzeichen der Stadt durch einen Tunnel ersetzt. Jenseits des Fort St-Nicolas lädt der **Parc du Pharo** 6 zum Flanieren ein. Das spätklassizistische Schloss, das Napoleon III. seiner Gattin Eugénie erbauen ließ, dient heute repräsentativen Zwecken.

Von der Stirnseite des Hafenbeckens, dem Quai des Belges (dahinter: Place Général-de-Gaulle; hier auch Fremdenverkehrsbüro und Metrostation), führt die heute etwas heruntergekommene einstige Prachtstraße **La Canebière** 7 – der Name leitet sich von ›Cannabis‹, Hanf, ab, weil hier die Schiffstaue hergestellt wurden – im wörtlichen Sinne schnurgerade nach Osten. Sie wird gekreuzt vom im 17. Jh. angelegten **Cours Belsunce**, der im Norden Rue d'Aix heißt – von dort kommt er und dort führt er hin –, im Süden aber Rue de Rome. Einige schöne Palais haben sich erhalten (z. B. das *Logis d'Auriol* an der Ecke zur Canebière). Der ›Grand Cours‹, wie er auch genannt wird, besitzt zwei markante Points de vue: Im Norden den 1833 zu Ehren der Revolutionskriege und des napoleonischen Kaiserreichs errichteten *Arc de Triomphe*, im Süden den großen *Brunnen* der *Place Castellane* (1911; mit allegorischer Darstellung der Stadtgöttin von Marseille sowie Flüssen und Meer).

Gang durch die Altstadt

Die Altstadt konzentriert sich im halbinselförmigen Dreieck nördlich des Hafens, zwischen Quai du Port, Rue de la République und der Hafenerweiterung, die das 19. Jh. im Nordwesten beisteuerte. Dieses Areal ist weitgehend identisch mit dem auf drei Hügeln angelegten Stadtzentrum der Antike, wobei lediglich, wie bereits erwähnt, zu berücksichtigen ist, dass der ursprüngliche Hafen tiefer und ›hornförmig‹ ins Land eingeschnitten war.

Versuchen wir, uns im Rahmen der so skizzierten Koordinaten zurechtzufinden. Allerdings sollte von vorneherein klar sein, dass der nachstehend beschriebene Rundgang nicht an einem einzigen Tag zu bewältigen ist.

Wir beginnen ihn am Ursprung der Stadt, am Hafen. Wenige Schritte hinter dem Quai des Belges ist in der **Börse** (am Ort der ältesten, 1599 gegründeten Handelskammer Frankreichs), einem weiteren Bau des für Marseille ›goldenen‹ 19. Jh. (1860), das gleichermaßen für die Geschichte der Stadt wie für die Seefahrt allgemein interessante **Musée de la Marine de Marseille** 8 untergebracht. Hinter der Börse breitet sich der **Jardin des Vestiges** 9 aus, ein großzügig angelegtes Ausgrabungsgelände im Bereich des antiken Hafens. Hier befindet sich auch, in einen modernen Kaufhauskomplex integriert, das außerordentlich sehenswerte **Musée d'Histoire de Marseille** 10, des-

Notre-Dame-de-la-Garde in Marseille – das Innere der Kirche erstrahlt in der goldenen Pracht verschiedenster Stilanleihen

sen Besuch man keinesfalls versäumen sollte – nicht nur wegen des gut erhaltenen römischen Schiffes, das 1974 hier gefunden wurde.

Auf dem Weg zum Quai du Port auf der Nordseite des Hafens kommen wir an der ehem. Augustinerkirche **St-Ferréol** ⓫ vorbei (tgl. 7.30–19.15, Juli/Aug. tgl. 7.30–12, 15–19.15 Uhr), einer gotischen Wandpfeilerkirche provenzalischen Typs (1542 geweiht) mit barocker Fassade; in den Seitenkapellen verdienen drei Gemälde von *Michel Serre* (1658–1733) Beachtung: ›Die Heiligen Peter und Paul‹, ›St. Margareta‹ und ›Flucht nach Ägypten‹.

In den Räumen von Marseilles repräsentativer ›Börse‹, ganz in der Nähe des Alten Hafens gelegen, ist heute das Marinemuseum untergebracht

Interessanter noch ist die Kirche **St-Cannat** ⓬ (tgl. 8.30–12, im Winter tgl. 8.30–17.30 Uhr), die man erreicht, wenn man einige Schritte der 1864 nach Haussmann-Art schnurgerade angelegten und einheitlich gestalteten Rue de la République folgt, die den Quai des Belges mit dem Hafen La Joliette verbindet: Die ehem. Dominikanerkirche entstand 1526–1619; bemerkenswert sind die von den Brüdern Gérard geschaffene *Fassade* von 1739 mit dem Ordensheiligen Benedikt XI., Pius V., André Abellon und Vincent Ferrer, der *Hochaltar* von Fossati (1756), die 1742 entstandene *Orgel* von Frère Isnard, dem Schöpfer der berühmten Orgel von St-Maximin, die herrliche *Kanzel* sowie zwei *Gemälde* von Serre: die ›Darstellung Jesu im Tempel‹ und das ›Fegefeuer‹.

Weiter nördlich, dem Straßenverlauf folgend, treffen wir auf die ehem. **Karmeliterkirche** ⓭ (gotisch, mit Barockfassade). Sie erhebt sich auf hoher Terrasse – man sieht, auch Marseille ist, wie Rom, auf zahlreichen Hügeln erbaut.

Doch wir wollten ja eigentlich zum Hafen und wenden uns also nun dem Quai du Port zu. Hier hebt sich das **Hôtel de Ville** ⓮ vorteilhaft von Perrets eintöniger Bebauung ab. Das Rathaus wurde im 17. Jh. im Stil des Genueser Barock errichtet – ursprünglich war sein Dach höher; der skulpturale Schmuck der Fassade stammt wohl von dem genialsten Sohn der Stadt, dem Bernini-Schüler

Pierre Puget (1620–1694, s. S. 38), dessen beide Entwürfe für den Bau selbst die Stadtväter jedoch leider verworfen hatten (das Original der Reliefskulptur befindet sich im Musée des Beaux-Arts de Marseille, am Gebäude wurde eine Kopie angebracht). Es sind in der Altstadt nur wenige bedeutende Bauten, die die Zerstörung durch die Deutschen überlebt haben – wir folgen dem ›Parcours historique‹, einem vom Tourismusbüro ausgelegten Orientierungsfaden (deutschsprachiger Prospekt dort erhältlich): Die **Maison de Cabre** 15 an der Ecke Grand' Rue und Rue Bonneterie ist einer der ältesten erhaltenen Profanbauten der Stadt, 1535 im Übergangsstil von Gotik und Renaissance für den Konsul Cabre erbaut. Man hat das Haus bei der Wiederherstellung des Viertels in einer aufwendigen Aktion mit Hilfe von Hebeböden verschoben und um 90 Grad gedreht, um es der heutigen Straßenführung anzupassen.

Ein Beispiel eleganter Spätbarockarchitektur ist der **Pavillon Daviel** 16, die Fassade des ehem. Justizpalastes (18. Jh., Skulpturen von J. M. Verdiguier). Dicht dabei setzt der **Clocher des Accoules**, der Glockenturm einer während der Reformation zerstörten gotischen Kirche, einen wichtigen Akzent: Seine Glocke rief einst die Räte der Stadt zu den Sitzungen.

Nach einem Blick auf das beherrschende **Hôtel Dieu** 17 (gegründet im 12. Jh. als Hôpital du St-Esprit, Heiliggeisthospital, heutiger Bau 18. Jh., Treppen von J. E. Brun) wenden wir uns einem der eigenartigsten Gebäude der Altstadt zu, der **Maison Diamantée** 18, einem über und über mit diamantartig geschnittener Rustika überzogenen Palast von renaissancehaftem Zuschnitt. Er ist jedoch, nach neueren Forschungen, jünger als er zu sein scheint, nämlich doch wohl nicht vor 1620 entstanden. Bezeichnenderweise war der Bauherr, der das trutzige Rustikamotiv verwandte, ein Militär, und ebenso bezeichnenderweise ein Italiener: *Nicola della Robbia*, ein Wach-

Byzantinisch-romanischen Formen nachempfunden: die Cathédrale Ste-Marie-Majeure

mann der städtischen Artillerie. Freilich wirkt die im südlichen Licht ein reizvolles Spiel von Licht und Schatten inszenierende Rustika hier eher dekorativ als wehrhaft. In der Maison Diamantée ist heute das **Musée du Vieux Marseille** untergebracht, das anhand von Gemälden, Stichen, Plänen, Möbeln, Fayencen, Trachten und Krippenfiguren anschaulich die wechselhafte Geschichte der Stadt darstellt.

Etwas weiter nordwestlich informiert das kleine **Musée des Docks Romains** ⑲ – an einer Stelle, an der 1946 riesige römische Tonfässer gefunden wurden – über Leben, Alltag und Handel der römischen Hafenstadt. Von hier aus gelangen wir über die Rue Caisserie und die Rue St-Laurent zum **Belvédère St-Laurent** ⑳, einem bevorzugten Aussichtspunkt. Wahrscheinlich ohne es beachtet zu haben, sind wir gerade an den Fundamenten des sog. *Griechischen Theaters* (wohl erst aus der Römerzeit) vorbeigekommen, die weitgehend in den Mauern des hier befindlichen Schulhauses verbaut sind.

Die wieder hergestellte Kirche **St-Laurent** ist die vielleicht schönste Kirche von Marseille: Ein nobler, fein proportionierter tonnengewölbter Hallenraum aus dem 12. Jh., der bei den Sprengungen des Viertels stark beschädigt worden war. Ein Teil der barocken Einrichtung befindet sich heute in der Église de la Mission de France, Rue Tapis Vert. Gleich neben St-Laurent zeigt die **Chapelle Ste-Catherine** (Mi, Do 14–18, Fr 8.30–12 Uhr) schöne postgotische Gewölbe auf Puttenkonsolen (1602).

Die zwei Kathedralen

Vom Belvédère führt die Esplanade de la Tourette zu den beiden, jeweils kurz ›La Major‹ genannten, Kathedralen: Unmittelbar nebeneinander liegen die aus dem 11./12. Jh. stammende **Ancienne Cathédrale Ste-Marie-Majeure** ㉑ (erhalten sind lediglich Chor, Querschiff und eines der fünf Langhausjoche) und die 1852 von Léon Vandoyer begonnene, 1872–93 unter der Leitung von Espérandieu – mühelos erkennt man seine Handschrift wieder [vgl. Notre-Dame-de-la-Garde, S. 20] – fertig gestellte, in einer kühnen Mischung aus romanischen, byzantinischen, islamischen und toskanischen (Streifeninkrustation) Stilelementen erbaute **Cathédrale Ste-Marie-Majeure** ㉒ (Di–Sa 9–18.30, So, Mo, Fei 9–12, 14.30–18 Uhr). Die reiche Ausstattung stammt u. a. von Henri Révoil. Bei den Arbeiten für den Kathedralneubau traten die Fundamente des aus dem 5. Jh. stammenden *Baptisteriums* zutage, das, außen quadratisch, innen ein von Säulen getragenes Oktogon, mit fast 23 m Durchmesser das größte Baptisterium Frankreichs darstellte und zugleich auf das hohe Alter des Kathedralbezirks verweist.

In der *Alten Kathedrale* sind neben den architektonischen Details (Kuppelwölbung!) einige wertvolle Ausstattungsstücke beachtenswert: Der sog. *Altar des hl. Serenus*, die Vorderseite eines romanischen Reliquiensarkophags, zeigt unter antikisierenden Arkaden eine thronende Maria zwischen den Heiligen Cannat und Lazarus, deren Reliquien hier wohl ursprünglich beigesetzt waren. Die Kirche ist leider seit Jahren wegen Renovierung geschlossen.

Der in der Provence besonders verehrte Lazarus begegnet uns noch einmal im wohl frühesten Beispiel von Renaissanceskulpturen in der Provence, in der **Lazarus-Kapelle** an der Nordseite des Querhauses. Seine Schöpfer waren Italiener, die von König René in die Provence geholten Künstler *Tomaso di Como* und *Francesco Laurana*. Angemerkt sei, dass es sich bei der Verehrung des Lazarus, wie so oft bei Heiligenlegenden, um die Verquickung verschiedener historischer und legendärer Persönlichkeiten handelt: Der 411 aus Aix vertriebene Bischof Lazare war nach Marseille geflohen und wurde im Kloster St-Victor begraben. Die fromme Legende identifizierte ihn mit dem biblischen Lazarus aus Bethanien, und sein Grab wurde im Mittelalter zum Ausgangspunkt der Geschichte von der wunderbaren Seefahrt mit Maximin, den drei Marien, Martha und Sara.

Die Kapelle besteht aus einer Doppelarkade mit fein dekorierter Bogenbekrönung. Unter dem rechten Bogen befindet sich ein Reliquienschrank, unter dem linken das *Lazarus-Retabel*. Es zeigt den Heiligen im Bischofsornat thronend zwischen Maria und Martha. Besonders schön sind die zarten *Reliefs der Predella* (von links: Auferweckung des Jünglings von Naim; Auferweckung des Lazarus; das Gastmahl bei Simon; die Ankunft der Barke in Marseille; Magdalena, den Bürgern von Marseille predigend; die Erhebung des Lazarus zum Bischof; seine Enthauptung).

St-Vincent-de-Paul, neugotischer Blickpunkt der Canebière

Schließlich verdient noch die dem Atelier des *Lucca della Robbia* zugeschriebene ›Grablegung Christi‹ (mit Johannes, den drei Marien, Maria Magdalena und der ›apokryphen‹ hl. Sara) in der **Serenus-Kapelle** Aufmerksamkeit. Die Aufstellung dieses Reliefs aus glasierter Terrakotta könnte mit der Intensivierung des Kultes der hll. Marien nach der Entdeckung ihres Grabes 1448 zusammenhängen.

Centre de la Vieille Charité 23

Nördlich des Kathedralkomplexes, auf der Anhöhe von Accoules, liegt die alte Charité. Sie wurde 1640 als Alten- und Armenhospiz erbaut und zwischen 1671 und 1679 von *Pierre Puget* in Anlehnung an Vorbilder aus Paris (Invalidendom) und Rom (S. Andrea al Quirinale) erweitert. Der um einen Innenhof mit zentraler Kapelle angelegte dreigeschossige Viereckbau ist eines der wenigen repräsentativen Gebäude des großen Bildhauers und Architekten in Marseille, der in seiner Heimatstadt ansonsten vergebens auf Aufträge und Anerkennung wartete. Die Hauptwerke, die seine Ausbildung bei Bernini und seine Orientierung an Michelangelo verraten, finden sich in Genua, Versailles, Paris (Louvre) und Toulon [Nr. 6]. Immerhin hat ihm, wenngleich spät, seine Vaterstadt auf der Place Général-de-Gaulle ein würdiges Denkmal errichtet.

Das Centre de la Vieille Charité beherbergt heute die reichen Bestände des **Musée d'Archéologie mediterranéenne**, darunter die ebenso faszinierenden wie rätselhaften Funde von *Roquepertuse*, keltoligurische Skulpturen, über deren Bedeutung und zeitliche Ansetzung sich die Forschung noch keineswegs einig ist, sowie umfangreiche Sammlungen zur Kunst *Afrikas, Ozeaniens* und *Lateinamerikas*.

Von der Charité aus erreicht man über die Place Lorette die repräsentative, von ehem. Luxushotels umstandene Place Sadi-Carnot und die Rue de la République. Folgt man der Rue Colbert, so gelangt man in das Viertel **Belsunce**, das seit mehr als 100 Jahren Einwandererquartier ist, ein Stück quirlendes, buntes, lärmendes Afrika. Der historische Bahnhof, der sich dort befindet, die **Gare St-Charles** 24 mit ihrer mächtigen Freitreppe, ist seiner Modernität wegen bemerkenswert: Anders als viele gleichzeitig entstandene Bahnhöfe imitiert seine 1892/93 entstandene Architektur nicht Palast- oder Kathedralfassaden, sondern gibt sich betont sachlich, funktional, gleichwohl nicht weniger monumental.

Hinter dem Bahnhof (41, rue Gabin) wurde in einer ehem. Tabakfabrik das Kulturzentrum *La Friche de la Belle de Mai* (Info-Tel. 04 91 11 42 43) eingerichtet, ein lebendiger Ort für vielerlei Ausstellungen und Veranstaltungen.

Stadt der Museen

Wir folgen der fast 1200 m langen Canebière, die an der neugotischen Kirche **St-Vincent-de-Paul** 25 (1850–90) endet, aber durch mehrere mehr oder weniger parallel laufende Boulevards weitergeführt wird.

Auf dem nördlichen, dem Boulevard Longchamp, erreicht man nach 800 m das **Musée Grobet-Labadié** 26. Es wurde im 1873 erbauten Stadtpalais des Musikers Louis Grobet eingerichtet und enthält neben Grobets Instrumentensammlung Skulpturen des Mittelalters, Fayencen, Kunstschmiedearbeiten, Tapisserien und Möbel, aber auch Zeichnungen und Gemälde (u. a. von Greuze und Murillo).

Das pompöse **Palais Longchamp** 27, das als Point de vue mit seinen Kolonnaden und Wasserspielen effektvoll die Straße abschließt, wurde von Espérandieu 1862–70 erbaut. Sein Mittelpavillon diente als Wasserturm – ein interessantes Beispiel, wie das 19. Jh. historischen Prunk und moderne Technik miteinander zu verbinden (oder letztere durch ersteren zu kaschieren) wusste. Das Palais beherbergt zwei bedeutende Museen: im linken Flügel das **Musée des Beaux-Arts** (mit Gemälden von Nattier, Greuze, Vernet und Rigaud, David und Ingres, Courbet und Corot, Brueghel und Rubens, Perugino, Caracci u. a., Skulpturen des in Marseille geborenen Daumier und Arbeiten von Puget sowie Wandgemälden im Treppenhaus von Puvis de Chavannes), im rechten das **Muséum d'Histoire naturelle**. Der hinter den Museen befindliche Park war früher der Zoologische Garten.

Südlich des Hafens

Südöstlich des Alten Hafens sind vor allem drei Ziele einen Besuch wert: die **Opéra** 28 (18. Jh.; nach einem Brand von 1919 durch G. Castel erneuert, mit Arbeiten von Sartorio und Bourdelle), die monumentale **Préfecture** 29 (1861–66) und das **Musée Cantini** 30, ein elegantes Hotel des 17. Jh., in dem eine bemerkenswerte Sammlung moderner Kunst untergebracht wurde. Schwerpunkte sind der Surrealismus, die Kunst der 60er- und 70er-Jahre des 20. Jh. sowie eine Fotosammlung. Wichtige Sonderausstellungen ergänzen das Programm.

Das bedeutendste Bauwerk im Bereich des südlichen Hafengeländes, zwischen Quai de Rive Neuve und Notre-Dame-de-la-Garde gelegen, ist die ehem. Abtei **St-Victor** 31 (tgl. 8.30–18.30, Krypten tgl. 15–18 Uhr). St-Victor wirkt wie eine trutzige Festung. Vom Kloster, einem der ältesten des Abendlandes, ist nichts übrig geblieben, doch verweist die aus dem 5. Jh. stammende *Krypta* noch auf die Entstehungszeit dieses mächtigen und einflussreichen Zentrums kirchlicher und weltlicher Macht und Strahlkraft.

Der Kirchenpatron, der *hl. Victor*, lebte im 3. Jh. Er soll ein zum Christentum übergetretener römischer Offizier gewesen sein, der unter dem Mitkaiser Maximinian den Märtyrertod erlitt und in der Nekropole in den alten Steinbrüchen außerhalb der Stadt begraben wurde. Zur Schar der Verehrer, die zu seinem Grab pilgerten, gehörte auch der aus Rumänien stammende Johannes Cassianus, der hier ein Kloster errichtete. 440 weihte Leo der Große zwei Kirchen im Kloster St-Victor, in dem damals bereits die *Gräber* von drei Heiligen verehrt wurden: das des hl. Viktor, das des bereits erwähnten Bischofs Lazarus und das des mittlerweile ebenfalls verstorbenen Cassian.

Nach den Zerstörungen durch die Sarazenen wurde das Kloster 977 als *Benediktinerabtei* neu gegründet und im 11. Jh. wieder aufgebaut. Es gewann an Bedeutung und Macht, über längere Zeit waren die führenden politischen und kirchlichen Ämter der Stadt – Vizegrafenamt, Bischofssitz und Abtstuhl – in Händen ein und derselben Familie.

Von der *frühromanischen Kirche* ist noch die nördliche Eingangshalle erhalten, das heutige Langhaus ist das Resultat einer kühnen *Erweiterung*. Hierfür mussten gewaltige Substruktionen gebaut werden, um das über den Hang hinausragende südliche Seitenschiff (12./13 Jh.) abzustützen. Chor und Querhaus entstammen einer weiteren Bauphase und

Streng, ja abweisend wirkt das Schloß Borély. Die Boulespieler jedoch stört das nicht

wurden initiiert von Papst Urban V., der 1363 als sechster Papst von Avignon den Stuhl Petri bestieg. Er war zuvor als Guillaume de Grimoard Abt in St-Victor gewesen. Die bis zu 3,25 m dicken Chormauern machten aus der Kirche eine gewaltige Festung, die das Kloster vor den ›Grandes Compagnies‹ (marodierenden Söldnerbanden) schützen sollte. Um die Mitte des 18. Jh. wurde das Kloster in ein Stift umgewandelt, in der Französischen Revolution schließlich aufgehoben und zerstört. 1895 begann man mit der Wiederherstellung der Kirche.

Deren größter Schatz sind die sog. **Krypten**. Die von Leo dem Großen geweihte, dreischiffige Basilika Notre-Dame mit ihrem quadratischen Atrium und der Kapelle St-Blaise wurde im 13. Jh. vom neuen Seitenschiff der romanischen Kirche überbaut. Vom östlichen Seitenschiff der alten Basilika aus gelangt man in die *Grottenkirche* des hl. Viktor. Das Kapitell einer aus dem Felsen gehauenen Säule zeigt eine bärtige, im Volksmund mit Lazarus identifizierte Figur. Ein Gang tut sich auf und mündet in weitere Katakombengemächer. Auch unter der Basilika wurden Gräber aus dem 3. Jh. gefunden, frühchristliche Sarkophage verweisen auf eine umfangreiche *Nekropole*, einige von ihnen wurden später in der Oberkirche aufgestellt. Man fühlt sich hier den Ursprüngen des Christentums sehr nahe.

Im Süden der Stadt

Abschließend sei noch ein recht ausgedehnter, aber lohnender **Ausflug** mit wunderbaren Ausblicken auf die Bucht von Marseille empfohlen. Er führt vom Parc du Pharo [s. S. 22] über die 5 km lange Küstenstraße *Corniche Président John-F.-Kennedy* zum **Parc Borély** im Süden der Stadt – vorbei an Grünanlagen, Hotels, Palais, Denkmälern und Skulpturen. Im Parc Borély sind dann nicht nur die *Gartenanlagen* (u. a. Botanischer Garten) zu bewundern, sondern auch das strenge, eigenartig anmutende klassizistische *Schloss*, das sich der reiche Reeder Borély in den 70er-Jahren des 18. Jh., kurz vor der Revolution also, hatte erbauen lassen. Es enthält wertvolle Einrichtungsgegenstände und Deckenmalereien von Chaix und Parrocel. Hier soll das künftige Musée des Arts Décoratifs entstehen.

Über die Avenue de Bonneveine gelangen wir zur *Avenue d'Haïfa*, dort weist der gigantische Bronzedaumen des 1921 in Marseille geborenen Künstlers

César (eigentlich César Baldaccini, einer der Hauptvertreter des sog. Nouveau Réalisme) den Weg zum neuen **Musée d'Art Contemporain (MAC)**, dem ›billigsten Museum Frankreichs‹: Für nur 1,74 Mio. Mark hat hier der Generaldirektor der Museen von Marseille, Bernard Blistène, im Neubauviertel Bonneveine in einem leer stehenden Betonbau ein spektakuläres *Zentrum für Gegenwartskunst* eingerichtet, das Bestände verschiedener Museen und Sammlungen zusammenfasst: vorwiegend Werke französischer Kunst aus der Zeit nach 1960, u. a. Arbeiten von César, Ben Vautier, Yves Klein und Annette Messager. Fast die Hälfte der 3800 m² umfassenden Ausstellungsfläche ist für Wechselausstellungen bestimmt. Das Gebäude war Ende der 60er-Jahre des 20. Jh. für die Kollektion des deutschen Sammlers Gustav Rau errichtet worden. Nachdem dieser jedoch seine Stiftung zurückgezogen hatte, baute der Architekt Lorenzo Pigneras das eingeschossige Gebäude für seinen neuen Zweck um und schuf so ein Zentrum für zeitgenössische Kunst, das zu den bedeutendsten in Frankreich zählt.

Über die Avenue du Prado gelangen wir zurück zum Stadtzentrum. Wendet man sich jedoch vom Rond Point du Prado noch einmal nach Süden, so kommt man auf dem Boulevard Michelet unmittelbar an *Le Corbusiers* 1947–54 entstandener **Unité d'habitation** 32 (auch: Cité Radieuse) vorbei, einer gigantischen Agglomeration von 337 Apartments für 1600 Menschen. Hier wurde ein architektonisches Modell realisiert, in dem vertikale Verdichtung an die Stelle von Zersiedlung und Landschaftsvernutzung treten sollte. Die Integration von Geschäften, Restaurants, Spielplätzen, Sporthalle, Hotel, Postamt und anderen Dienstleistungen gehört ebenso zum Konzept dieser in sich *autarken Kompakt-Stadt* wie die Anlage einer rund 4000 m² großen Dachterrasse und die technisch und ästhetisch konsequent eingesetzte Verwendung des Werkstoffs Beton. Das ein wenig an einen Ozeandampfer erinnernde Gebäude mag aus heutiger urbanistischer Sicht problematisch erscheinen. Keine Frage ist gleichwohl, dass es funktional, atmosphärisch und ästhetisch den umgebenden Wohnblöcken ›haushoch‹ überlegen ist.

Schräg gegenüber verdient die schöne *Villa Magalonne* (18. Jh.) Beachtung; ein *Obelisk* setzt hier als Point de vue einen markanten abschließenden Akzent – er war nach Napoleons Ägyptenfeldzug von Pinchaud errichtet worden, schmückte aber ursprünglich die Place Castellane.

Praktische Hinweise

Information: Office de Tourisme, 4, La Canebière, Tel. 0491138900, Fax 0491138920, Internet: www.destination-marseille.com, Juli – Sept. tgl. 8.30 – 20 Uhr, Okt.– Juni Mo – Sa 9 –19.15 Uhr, So und Fei. 10 –17 Uhr. Zweigstelle im Bahnhof St-Charles, Tel. 0491505918.

Bahnhof St-Charles SNCF: Tel. 0491085050, 0491951000 und 0491088412 (Reservierungen).

Busbahnhof: place Victor-Hugo, Tel. 0491081640.

Flughafen: Tel. 0442782100; Terminal am Gare St-Charles, Tel. 0491505934 (Shuttlebus tgl. 5.30 –21.50 Uhr, alle 20 Min.).

Polizei: Commissariat Central, 2, rue Antoine-Becher, Tel. 0491398000.

Abgeschleppte Autos: 83, promenade Corniche Kennedy, Tel. 0491315161.

Märkte

Fischmarkt: tgl. 7–9 Uhr am Vieux Port.

Trödelmarkt: am 2. Sonntag jeden Monats am Cours Julien.

Museen

Öffnungszeiten aller Marseiller Museen, sofern nicht anders angegeben: Di – So 11–18 Uhr, Mo / Fei geschl.

Centre de la Vieille Charité: 2, rue de la Charité, Tel. 0491145881. Métro: Soliette, mit dem *Musée d'Archéologie mediterranéenne* (Archäologie des Mittelmeerraums) und dem *Musée des Arts Africains, Océaniens, Amérindiens* (Außereuropäische Kunst).

Musée d'Art Contemporain (MAC) (Zeitgenössische Kunst): 69, av. d'Haïfa, Tel. 0491250107.

Musée des Beaux Arts (Malerei 16.–20. Jh.): Palais Longchamp, place Henri-Dunant, tgl. außer Di vormittags und Mi vormittags 10 –12, 14 –18.30 Uhr. Metro: Longchamp-Cinq-Avenues.

Musée Cantini (Kunst des 19. und 20. Jh.): 19, rue Grignan, Tel. 04 91 54 77 75. Métro: Estrangin-Préfecture.

Musée des Docks Romains (Römische Docks): place de Vivaux, Tel. 04 91 91 24 62. Métro: Vieux-Port.

Musée Grobet-Labadié (Stadtpalais mit alten Möbeln): 140, bd Longchamp, Tel. 04 91 62 21 82. Métro: Longchamp-Cinq-Avenues.

Musée d'Historie de Marseille und **Jardin des Vestiges** (Geschichte des antiken Marseille): Centre Boure, Tel. 04 91 90 42 22. Métro: Vieux-Port.

Muséum d'Histoire naturelle (Naturgeschichte): Palais Longchamp, place Henri-Dunant, Tel. 04 91 62 21 17 bzw. 04 91 62 30 78. Métro: Longchamp-Cinq-Avenues.

Musée de la Marine et de l'Economie de Marseille (Handel und Seefahrt): La Canebière, Tel. 04 91 91 91 51.

Musée du Vieux Marseille (Heimatmuseum): Maison Diamantée, rue de la Prison, Tel. 04 91 55 10 19 und 04 91 55 10 20. Métro: Vieux Port.

Hotels

Sofitel Vieux Port, 36, bd Ch.-Livon, Tel. 04 91 15 59 00, Fax 04 91 15 59 50. Modernes Luxushotel mit hinreißendem Blick auf den Alten Hafen.

New Hotel Vieux Port, 3 bis, rue Elisabeth, Tel. 04 91 90 51 42, Fax 04 91 90 76 24. Zentral in unmittelbarer Nähe des Hafens liegt das ehemalige Grand Hotel. Bezaubernd und komfortabel ist das stilvolle Ambiente des Hauses. Allerdings gibt es leider kein Restaurant.

Edmond Rostand, 31, rue Dragon. Tel. 04 91 37 74 95, Fax 04 91 57 19 04. Zentral gelegenes, modern ausgestattetes Hotel mit moderaten Preisen und günstiger Küche (Restaurant im August und Sa/So geschl.).

Jugendherbergen

Auberge de Jeunesse, 47, av. J.-Vidal, Tel. 04 91 17 63 30. Métro bis Castellane, dann Bus 19 oder 44 bis Vidal-Collet

Auberge de Jeunesse, Château de Bois-Luzy, 12, Allée des Primevères, Tel. 04 91 49 06 18.

Cité Radieuse: Le Corbusier erprobte hier neue Formen des Wohnens

Restaurants

Vorsicht ist geboten bei den typischen Touristenlokalen, vor allem rund um den Vieux Port. Eine reiche Auswahl in Hafennähe gibt es rund um die Place Thiars. Zahlreiche preiswerte und gute ausländische, insbesondere nordafrikanische Lokale finden sich in den Altstadtvierteln. Hier seien nur die beiden Spitzenrestaurants sowie eine gute, preiswerte Kneipe genannt:

Chez Angèle, 50, rue Caisserie, Tel. 04 91 90 63 65. Einfache, aber gute Küche, sehr lebendige Atmosphäre (Mo geschl.).

TOP TIPP **Le Petit Nice**, 16, rue des Braves, Tel. 04 91 59 25 92. Marseilles Spitzenrestaurant ist in diesem außerordentlich stilvoll eingerichteten, persönlich geführten Hotel beheimatet, in traumhafter Lage hoch über dem Meer (Restaurant und Hotel 15. 11.–7. 12. geschl., Restaurant So und Mo mittags geschl.).

Miramar, 12, quai du Port, Tel. 04 91 91 10 40. Nicht nur die exzellenten Fischgerichte machen dieses angenehme Lokal zu einem kulinarischen Erlebnis. Als Spezialität gilt die köstliche Bouillabaisse. (So und 1.–22. 8., 23. 12.–5. 1. geschl.).

Von Marseille nach Toulon – im ›wilden Westen‹

Von Marseille aus lohnen Ausflüge nach Norden, nach Aix-en-Provence, sowie nach St-Maximin-la-Ste-Baume [s. ADAC-Reiseführer ›Provence‹]. Der Weg führt in steilen Serpentinen über die Berge, der Blick auf die Montagne-Ste-Victoire und hinunter zur Hafenstadt Marseille ist ebenso eindrucksvoll wie ein Besuch des Felsenheiligtums La-Ste-Baume mit der Grotte, in der Magdalena ihr Leben als büßende Einsiedlerin beendet haben soll. Die Küstenstraße, die vom Marseiller Hafen aus nach Süden führt, eröffnet faszinierende Perspektiven, doch sie endet unvermittelt in der grandiosen Wildnis der Klippen und Schluchten der *Calanques*. Wer Zeit hat, sollte in Richtung Osten über die landschaftlich außerordentlich eindrucksvolle D 559 nach Cassis fahren.

2 Cassis

Klippen, Fjorde, Dichter, Maler und Wein.

Cassis, griechisch Charsis, lateinisch Portus Charsicus, ist eine der ältesten Tochtergründungen Massalias. Der **kleine Hafen** wurde von Dichtern (Mistral) und Malern (Derain, Dufy, Matisse, Vlaminck) gerühmt und gemalt. Faszinierend ist die Landschaft seiner bizarren Fjorde und Klüfte, der **Calanques**. Man erschließt sie sich am besten zu Fuß oder mit dem Boot. Manche Klippen sind freilich das Ergebnis menschlicher Eingriffe: Seit Jahrhunderten wurde hier Kalkstein abgebaut, den man nicht nur in der Umgebung, sondern auch in Genua oder am Suezkanal wieder findet. Berühmt ist auch der Weißwein, der nach seinem Herkunftsort benannt ist.

TOP TIPP

Praktische Hinweise

Information: Office de Tourisme, place Baragnon, Tel. 04 42 01 71 17, Fax 04 42 01 28 31.

Hotels

Roches Blanches, route Port-Miou (über av. Dardanelles), Tel. 04 42 01 09 30, Fax 04 42 01 94 23. Terrassengarten mit Blick aufs Meer (15. 12.–31. 1. geschl.; Rest. Di geschl., außer Mai–Sept.).

Golfe, quai Barthélemy, Tel. 04 42 01 00 21, Fax 04 42 01 92 08. Hotel mit Blick auf den Hafen, kein Restaurant (31. 10.–30. 3. geschl.).

Restaurants

Gilbert, quai Baux, Tel. 04 42 01 71 36. Ebenfalls mit schönem Blick auf den Hafen, preisgünstig (Jan./Febr. und So mittags während der Saison, Di abends und Mi außerhalb der Saison geschl.).

Nino, quai Barthélemy, Tel. 04 42 01 74 32. Restaurant mit schönem Ausblick (15. 12.–10. 2., So abends außerhalb der Saison und Mo geschl.).

3 La Ciotat

Stadt der Lichter und Fischer.

Ziemlich genau in der Mitte zwischen Marseille und Toulon liegt La Ciotat auf einer seit Urzeiten besiedelten, weit ins Meer hinausragenden Felszunge. Ein natürlicher Hafen, grandios aufschwingende Buchten, ein bizarres Klippenpanorama, Inseln und Fjorde (die Calanques), die gewaltigen Eisenkonstruktionen einer stillgelegten Werft, eine anmutige, abends illuminierte Promenade, enge Gassen und kleine, quirlige Märkte bestimmen das Ortsbild.

Tourismus gibt es wohl, doch das Fischerstädtchen hat sich trotzdem erstaunlich viel einer sympathischen, an anderen Orten der Côte längst nicht mehr anzutreffenden Normalität bewahrt.

Felsen und Meer: Blick vom Cap Canaille auf Cassis

Die Pfarrkirche **Notre-Dame** (1600–25) ist ein großer, weiter Raum mit einigen beachtlichen Ausstellungsstücken (Gemälde des 17. Jh., Orgel 1877, Fresken 1975 von Gilbert Ganteaume, einem ortsansässigen Künstler). Lohnend ist ein Besuch im **Musée Ciotaden** (16. 9.–15. 6. tgl. 15–18, 16. 6.–15. 9. Mi–Mo 16–19 Uhr), das im ehem. Rathaus eingerichtet wurde. Neben prähistorischen und historischen Funden sowie anschaulichen Zeugnissen bürgerlichen Lebens, der Seefahrt und des Schiffbaus wird stolz darauf hingewiesen, dass La Ciotat eine wichtige Rolle in der Entstehungsgeschichte des Films spielte: Hier lebten zeitweilig die *Brüder Lumière*, die Erfinder des Kinematographen. Am 28. Dezember 1895 führten sie ihre ›lebenden Bilder‹ erstmals in Paris einem staunenden Publikum vor: ›Die Ankunft eines Zuges im Bahnhof von La Ciotat‹.

In fast allen historischen Städten der Côte gibt es Kapellen der Schwarzen, Grauen, Weißen oder Blauen Büßer (Pénitents Noirs, Gris, Blancs, Bleus) – Bruderschaften, die vor allem im 17./18. Jh. eine wichtige Rolle im spirituellen und sozialen Leben der Provence spielten. So auch in La Ciotat. Architektonisch besonders reizvoll ist die aus dem 17. Jh. stammende **Chapelle des Pénitents Blancs**, die seit ihrer Renovierung Ausstellungszwecken (zeitgenössische Kunst) dient. Das Kino ›Eden‹, gleich nebenan, gilt als ältestes Lichtspielhaus der Welt.

Ein schöner Spaziergang führt zur einsam auf den Felsen gelegenen Kapelle **Notre-Dame-de-la-Garde** (Juli / Aug. Mo–Frei 14–16, Sa 16–18 Uhr) hinauf, von wo man einen wundervollen Ausblick genießt.

Praktische Hinweise

Information: Office de Tourisme, bd Anatole-France, Tel. 04 42 08 61 32, Fax 04 42 08 17 88.

Schiff (Ausflüge zu den Calanques u. a.): S. P. Les Amis de Calanques, Tel. 04 42 01 96 58 und 04 91 43 73 60.

Hotel

La Rotonde, 44 bd République, Tel. 04 42 08 67 50, Fax 04 42 08 45 21. Einfaches, aber angenehmes Hotel.

Restaurants

La Fresque, 18, rue des Combattants, Tel. 04 42 08 00 604. Gepflegtes, sympathisches Restaurant mit Terrasse, Blick auf den Hafen, exzellente Küche (Juli / Aug Sa–Mo mittags geschl.).

Les Flots, 6, rue Guémard, Tel. 04 42 08 24 61. Eines von zahlreichen kleinen, preiswerten Restaurants, die abends ihre Tischchen auf die Gasse stellen. Einfache, vorzügliche Küche.

Die weißen Klippen und Fjorde der Calanques bei Cassis

4 Bandol und Sanary-sur-Mer

Sandstrände und berühmte Weinberge.

Auf dem Weg nach Toulon passiert man **Bandol**, ein an einer hübschen Bucht gelegenes und seit dem 19. Jh. sehr beliebtes Seebad. In das benachbarte **Sanary-sur-Mer** holte nach 1933 René Schickele seine verfolgten Gesinnungsgenossen – Bert Brecht, Lion Feuchtwanger, die Brüder Mann, Erwin Piscator, Ernst Toller, Franz Werfel und viele andere. So wurde Sanary zum Refugium einer aus Deutschland vertriebenen Elite – allerdings nur bis 1940: Viele, die nicht rechtzeitig in die USA ausgewandert waren, wurden dann von der mit den Nazis kollaborierenden Vichy-Regierung in den berüchtigten Lagern – etwa in Les Milles bei Aix-en-Provence – interniert. Einigen (den Feuchtwangers, den Werfels, Heinrich und Golo Mann) gelang von dort die abenteuerliche Flucht über die Pyrenäen. Die 1944, vor der Landung der Alliierten, gesprengte Villa ›La Tranquille‹ der Manns ist wieder aufgebaut worden.

Heute sind Bandol und Sanary-sur-Mer, zumindest in der Saison, ziemlich überlaufen. Unverändert ist freilich der *Rosé von Bandol*, einer der erfreulichsten Weine der Gegend. Empfehlenswert ist auch ein Besuch des **Jardin exotique et Zoo de Sanary-Bandol** (Mo–Sa 8–12, 14–19 Uhr, So/Fei ab 10 Uhr, Okt.–April bis 18 Uhr), der zwischen den beiden Orten liegt und eine Fülle von exotischen Pflanzen und Tieren beherbergt.

Praktische Hinweise

Information: Office de Tourisme, *Bandol:* allées Alfred-Vivien, Tel. 04 94 29 41 35, Fax 04 94 32 50 39.

Sanary-sur-Mer: Jardins de la ville, Tel. 04 94 74 01 04, Fax 04 94 74 58 04.

Hotels und Restaurants

in Bandol

Le Provençal, rue Écoles, Tel. 04 94 29 52 11, Fax 04 94 29 67 57. Anspruchsvolles Hotel mit angenehmem

Restaurant (Hotel 20. 11.–20. 12., Restaurant 16. 10.–Ostern geschl.).

Auberge du Port, 9, allées Jean-Moulin, Tel. 04 94 29 42 63, Fax 04 94 29 44 59. Zentral gelegenes, gepflegtes Restaurant mit Garten und Ausblick auf den Hafen.

in Sanary-sur-Mer

Tour, quai Général de Gaulle, Tel. 04 94 74 10 10, Fax 04 94 74 69 49. Durch die Emigranten berühmt gewordenes Hotel mit schöner Aussicht und Garten, gepflegte Küche (Di geschl., außer Juli/Aug.).

5 Six-Fours-les-Plages

Berge, Küste und uralte Heiligtümer.

Die Halbinsel des **Cap Sicié** gilt als Dorado der Ur- und Frühgeschichte. Die dichte Besiedlung zur Zeit der Megalithkulturen geht wohl auf die Erzvorkommen zurück, die hier noch von den Griechen und Römern ausgebeutet wurden. In **Six-Fours-les-Plages** führt eine Straße hinauf zur ehem. Stiftskirche

Oben: *Das Gebiet der Bandol-Weine umfasst eine Fläche von ca. 813 ha. Die Weinberge bestehen aus sehr alten Rebsorten, so der Edelrebe ›Mourvèdre‹*

Unten: *Der Hafen von Sanary-sur-Mer*

Louis Bréa (um 1443–1520), ›Schutzmantelmadonna‹ aus der Pfarrkirche in Biot

Die Schule von Nizza

Hauptvertreter der Schule von Nizza, einer lokalen, in ihrer Ausstrahlung auf Ligurien beschränkten Malerschule des 15./16. Jh., war **Louis Bréa** *(oder Ludovico Bréa, um 1443 in Nizza geboren). Sein Bruder Antoine und dessen Sohn François arbeiteten ebenfalls als Maler, erreichten aber nicht die Qualität und Sensibilität von Louis' Bildern. Louis Bréa brachte es als viel beschäftigter Künstler zu Einfluss und Wohlstand. Dennoch blieb sein Schaffen außerhalb der großen Strömungen und Neuerungen, die damals von Kunstzentren wie Venedig oder Florenz ausgingen. Seine* **Altarwerke** *sind – der oberitalienischen Tradition entsprechend – in mehrere über- und nebeneinander liegende Felder aufgeteilt, die dargestellten Figuren bleiben weitgehend statisch und strömen ruhige, gesammelte Andacht aus. Das Nachwirken der Gotik ist unübersehbar, wenngleich in Ornamentik, Anatomie und Perspektive die Neuerungen der Renaissance durchaus aufgegriffen werden.*

Louis Bréa starb 1520, seine wichtigsten Werke befinden sich u. a. in Nizza (›Pietà‹ in Cimiez, 1475) und Antibes (›Rosenkranzmadonna‹, 1515). Zur Schule von Nizza gehören ferner die Künstler Jacopo Durandi (1410–1469), dessen Bruder Cristoforo sowie Mirailieti und Canavesio.

St-Pierre (im Sommer tgl. 10–12, 14.30–18.30, im Winter tgl. 14–17 Uhr. Tel. 04 94 74 81 73), einer hoch auf dem Felsrücken errichteten eindrucksvollen romanischen Kirche (11. Jh.), die im 17. Jh. mit einem quer dazu angefügten postgotischen Bau erweitert wurde. Sie birgt ein kostbares *Polyptychon* von Louis Bréa, dem Hauptmeister der italienisch beeinflussten ›Schule von Nizza‹ (1520) sowie andere bemerkenswerte Ausstattungsstücke. 1967 wurde ein *Baptisterium* ausgegraben, das ins 5. oder 6. Jh. datiert wird und somit andeutet, dass wir es hier an wahrhaft exponierter Stelle (Festung; großartige Aussicht sowohl auf die Bucht von Sanary als auch – nach der anderen Seite – auf Toulon) mit einem uralten, sicher in vorchristliche Zeit zurückweisenden Bergheiligtum zu tun haben.

Dies ist belegt und wird auch nachvollziehbar in der nicht ganz leicht zu findenden Kirche **Notre-Dame-de-la-Pépiole** (N 559 ein Stück in Richtung Sanary, Abzweigung D 63 Richtung Toulon, nach ca. 1 km links Sträßchen Richtung Les Playes). Das Kirchlein war Priorat von St-Victor in Marseille, seine drei Apsiden sehen aus wie urtümliche Bories (Kuppelbauten aus geschichteten

Steinplatten), ein ligurischer Opferstein bezeugt den vorchristlichen Ursprung. Im Inneren zeigt sich, dass etliche Jahrhunderte an diesem Bau gearbeitet wurde: Vom 5./6. bis zum 12. Jh. (Öffnung der Seitenwände, Bögen) reicht das Spektrum der Baugeschichte.

Praktische Hinweise

Information: Syndicat d'Initiative, plage de Bonnegrâce, Tel. 04 94 07 02 21, Fax 04 94 25 13 36.

Hotel

Clos des Pins, 101 bis, rue République, Tel. 04 94 25 43 68, Fax 04 94 07 63 07. Modern eingerichtetes Hotel mit gutem, preisgünstigem Restaurant (Rest. So abends und Mo geschl., außer Juli/Aug.).

6 Toulon

Plan Seite 38

Frankreichs Kriegshafen am Mittelmeer.

Marseille und Toulon (450 000 Einw.) sind, in gewisser Hinsicht, polare Gegensätze: freie, uralte Handels- und Hafenstadt einerseits, militärisch streng Paris und der ›Grande Nation‹ verpflichteter Kriegshafen andererseits. Letzterer hat übrigens bis hin zur jüngeren Vergangenheit – bei der Befreiung Frankreichs von den Nationalsozialisten – eine strategisch herausragende Rolle gespielt.

Will man einen Eindruck von dieser lebendigen, auch kulturell aktiven Stadt gewinnen, so sollte man ähnlich vorgehen wie in Marseille und sie sich zunächst in ihrer Einbettung in die Landschaft, also von oben besehen: von Vieux Six-Fours [Nr. 5] aus oder vom Hausberg der Stadt, der auch mit dem Gedenken an Widerstand und Befreiung konfrontiert, vom **Mont Faron** mit dem *Denkmal der Landung der Alliierten*, die hier 1944 stattfand und zum Ausgangspunkt der Befreiung Südfrankreichs wurde. (In der Nähe bemerkenswerter *Zoologischer Garten*. Seilbahn vom Boulevard Perrichi aus.) Auch die andere Sicht sollte nicht fehlen, die vom Hafen, dem ›Rade (= Reede) de Toulon‹ aus. Anschließend ist man gut vorbereitet für das ›centre ville‹ und kann in einem mehrstündigen Rundgang zu Fuß die wichtigsten Sehenswürdigkeiten und damit zugleich auch etwas von der spezifischen Atmosphäre dieser Stadt auf sich wirken lassen.

Man beginnt im Norden der Altstadt, beim **Bahnhof** 1. Folgt man dem Boulevard Pierre Toësca und Boulevard de Tesse nach Osten und biegt bei der Avenue Colbert nach rechts ab, so gelangt man zum Boulevard de Strasbourg, der die regelmäßig angelegte Neustadt von der kleinteilig-winkligen Altstadt

Toulon – Blick auf Hafen und Stadt

trennt. Die Place Victor-Hugo wird beherrscht von der historischen Fassade des **Theaters** ❷, weiter südlich erinnert die intime **Place Puget** ❸ mit ihrem Delphinbrunnen (1779–82 von Chastel) an den genialen Bildhauer und Architekten *Pierre Puget* [s. S. 25], der freilich auch in Toulon wieder einmal den Kürzeren zog: Seine Beziehungen zu dem in Ungnade gefallenen Finanzminister Fouquet waren wohl die Ursache dafür, dass seine 1657 gefertigten, aufwendigen Pläne zur Neugestaltung der durch einen Großbrand verwüsteten Altstadt nicht ausgeführt wurden.

Immerhin ist ein bedeutendes Werk von seiner Hand in Toulon erhalten – wir setzen unseren Spaziergang bis zum Hafen fort, um es zu sehen: 1645 war der bei Bernini ausgebildete, 1620 in Marseille geborene Puget aus Italien zurückgekehrt, 1656 erhielt er den Auftrag, die Skulpturen für das neue Rathaus am Quai zu fertigen. Das Rathaus wurde bei der Rückeroberung Toulons durch die Alliierten 1944 mit fast der gesamten umgebenden Bebauung des 17. Jh. zerstört, doch blieb zum Glück Pugets berühmtes **Atlantenportal** ❹ erhalten. Es ziert jetzt den nach dem Krieg an gleicher Stelle errichteten schlichten Bau, der zunächst das Schifffahrtsmuseum beherbergte und heute als Informations- und Ausstellungsgebäude dient.

Das **Musée naval** ❺ selbst ist in die Räume des historischen *Arsenals* (Reste des von Heinrich IV. 1595 angelegten Geländes) umgezogen. Erstaunlich, was Puget aus dem an sich geläufigen Motiv am Atlantenportal gemacht hat: Gespannte Kraft und übermenschliche Anstrengung, individuelle Erfassung von Typus und Psyche geben diesen Gestalten, die ganz offensichtlich von Michelangelos Sklaven beeinflusst sind, eine unmittelbar anrührende Intensität. Schon

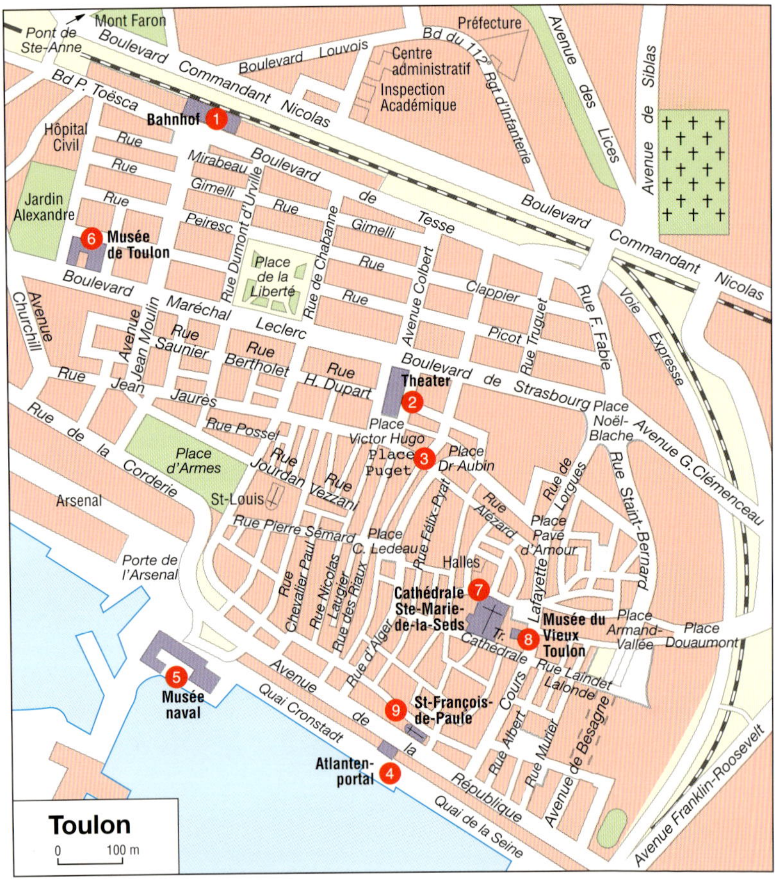

Sommerliches Leben auf der Place de la Liberté in Toulon

die Zeitgenossen fühlten sich dabei an Gestalten erinnert, die zu betrachten und zu verspotten eine Hauptattraktion der Toulon-Reisenden des 17. und 18. Jh. war: die erbarmungswürdigen, Tag und Nacht an ihre Ruderbänke geketteten Galeerensklaven der großen Kriegsschiffe. Räuber und Mörder waren ebenso unter ihnen wie denunzierte Unschuldige, unnachgiebige Protestanten oder auch ›Freiwillige‹ und Abenteurer, die den Anwerbern des Königs auf den Leim gegangen waren. Die Atlanten des Puget erregten weithin Aufsehen und ließen in Paris auch den kunstsinnigen Fouquet aufmerken: Er ließ Puget kommen und beauftragte ihn mit der Ausführung von Skulpturen für sein Schloss Vaux-le-Vicomte. Den Auftrag zur Neugestaltung der Altstadt von Toulon aber erhielt *Vauban*, der große Festungsbaumeister Ludwigs XIV., der auch die Hafenanlagen erweiterte und modernisierte und ein besonderer Günstling des Finanzministers Colbert war.

Die Geschichte des **Hafens** von Toulon beginnt 1404. Damals nahm ihn Ludwig von Anjou zum Ausgangspunkt seines Versuchs, Neapel zurückzugewinnen. Der Hafen war zunächst klein und unbedeutend. Einen gewissen Namen hatte Toulon allenfalls als Zentrum der *Purpurherstellung* aufgrund der hier massenhaft vorkommenden, sonst eher seltenen Purpurschnecken. Rund 10 000 solcher Murex-Schnecken waren vonnöten, um ein einziges Gramm des kostbaren Farbstoffs herzustellen. Schon in der Spätantike wurde hier Purpur produziert – die ältesten Hinweise datieren aus dem 5. Jh. Damals hieß Toulon noch ›Telo Martius‹: Beide Namen beziehen sich auf den Kriegsgott – im einen Fall auf seine ligurische (Telo), im anderen auf seine lateinische (Mars) Bezeichnung. Die Geschichte der Stadt als einer militärischen scheint also vorherbestimmt – bis hin zu jenem Ereignis, mit dem nicht nur eine welthistorische Weiche gestellt wurde, sondern auch die glanzvolle Karriere

Üppiges Angebot: Der Markt in Toulon erstreckt sich über mehrere Straßenzüge

eines bis dahin völlig unbekannten jungen Mannes aus Korsika begann: Im Frühjahr 1793 gelang den Republikanern die Rückeroberung von Toulon von den Royalisten und Alliierten nur aufgrund der strategischen Erkenntnisse und Vorschläge des damals erst 24-jährigen Artilleriehauptmanns *Buonaparte* (so schrieb er sich seinerzeit noch): Die Festung L'Éguillette, von der aus die Engländer den Hafen kontrollierten, wurde eingenommen, und Buonaparte, der spätere Kaiser Napoleon, nach diesem Erfolg umgehend zum General befördert.

Zurück zur Geschichte des Hafens. Nachdem die Provence 1481 in französischen Besitz geraten war, ließen die Könige Toulon sukzessive zur militärischen Basis am Mittelmeer ausbauen, nicht zuletzt deswegen, weil ihnen das häufig gegen seine Abhängigkeit rebellierende Marseille für diesen Zweck zu unsicher schien.

Nicht weit vom bereits erwähnten Arsenal, außerhalb des eigentlichen Altstadtbereichs am Boulevard Maréchal Leclerc, befindet sich das **Musée de Toulon** 6 mit dem **Musée d'Art** (Gemälde des 16./17. Jh. und provenzalische Künstler des 19. Jh, aber auch zeitgenössische französische Kunst) und dem **Muséum d'Histoire naturelle** (jeweils auch mit aktuellen Wechselausstellungen). Mitten in der Altstadt dagegen liegt ziemlich versteckt und zugebaut, die **Cathédrale Ste-Marie-de-la-Seds** 7. Sie geht noch auf spätromanische Zeit zurück, ist heute jedoch im wesentlichen durch das 17. Jh. (Fassade und Ausstattung) geprägt. In der Nachbarschaft das **Musée du Vieux Toulon** 8, das Dokumente zur Geschichte der Stadt zeigt. Das Viertel zwischen der Kathedrale und der in der Nähe des Hafens gelegenen kleinen Kirche **St-François-de-Paule** 9 (elegant geschwungene, aber unvollendete Fassade von 1744) ist eines der schönsten und buntesten von Toulon: Hier findet jeden Morgen ein belebter, auf mehrere Straßenzüge ausgedehnter *Markt* statt (auf der Rue de la Fraternité Fischmarkt mit kleinen, preiswerten Fischlokalen).

Praktische Hinweise

Information: Office de Tourisme, place des Riaux, Tel. 04 94 18 53 00, Fax 04 94 18 53 09 und place Albert-1er (im Bahnhof), Tel. 04 94 62 73 87, Mo – Sa 9 – 18, Do 10 – 12 Uhr.

Museen

Musée d'Art im Musée de Toulon; (Kunstmuseum mit Wechselausstellungen): 113, bd Maréchal Leclerc, Tel. 04 94 93 15 54, tgl. 13 – 19 Uhr.

Muséum d'Histoire naturelle (im Musée de Toulon; Naturgeschichte): 113, bd Maréchal Leclerc, Tel. 04 94 93 15 54, tgl. 9.30 – 12, 14 – 18 Uhr.

Musée naval (Schifffahrtsmuseum): Arsenal, Tel. 04 94 02 02 01, tgl. 10 – 12, 13.30 – 18 Uhr, Juli/Aug. bis 19 Uhr.

Musée du Vieux Toulon (Stadtgeschichte): 69, cours Lafayette, Tel. 04 94 62 11 07 und 04 94 92 29 23, tgl. außer So 14 – 18 Uhr.

Hotel

Nouvel Hôtel, 224, bd de Tessé, Tel. 04 94 89 04 22, Fax 04 94 92 13 06. Preisgünstiges Hotel in Bahnhofsnähe, ohne Restaurant.

Restaurants

Au Sourd, 10, rue Molière, Tel. 04 94 92 28 52. Das älteste Restaurant der Stadt. Spezialität: Meeresfrüchte (im Juli sowie So und Mo geschl.).

La Chamade, 25, rue Denfert-Rochereau, Tel. 04 94 92 28 58. Kleines Lokal mit köstlicher Küche (im Aug. sowie Sa mittags und So geschl.).

Das Massif des Maures – Buchten, Schluchten, tiefe Wälder

Der Kontrast könnte kaum größer sein: An den Traumstränden der Côte tobt das Leben, aus malerischen Fischerdörfchen sind längst mondäne, in aller Welt bekannte Badeorte geworden. Doch wer Ruhe und Einsamkeit sucht, kann diese noch immer im **Hinterland** der Küste finden, in den dunklen, waldreichen Bergen des ›Mohrenmassivs‹. Es gehört, ebenso wie das östlich anschließende Massif d'Esterel, mit seinen bis zu 800 m aufragenden Kuppen zu den ältesten **Gebirgen** der Erde. Allerdings bedarf es intensiver Bemühungen, die immer wieder auftretenden, oft durch Leichtsinn, manchmal auch als Folge gezielter Spekulationen verursachten **Waldbrände** zu verhindern. Vorwiegend Kiefern, Pinien, Stechpalmen, Korkeichen und Esskastanien wachsen hier. Die beiden letztgenannten Bäume tragen auch heute noch wesentlich zum Lebensunterhalt der Bevölkerung bei: Die Herstellung von Flaschenkorken und ›Marrons glacés‹ ist rund um Hyères nach wie vor verbreitet. Eine Fahrt durch die einsamen, dunklen Wälder des Massif des Maures mit seinen Pässen und Aussichtspunkten ist ein besonderes Erlebnis.

7 Hyères und Îles d'Hyères

Ältestes Seebad der französischen Riviera.

Die Geschichte der Entdeckung der Côte als – zunächst winterliches – Ferienparadies begann in Hyères. Engländer waren es, die Ende des 18. Jh. von diesem Ort und seinem Strand **Hyères-Plage** begeistert waren und von ihm aus die Küste erkundeten. Das *Panorama* ist in der Tat überwältigend: Von den Höhen des 1620 auf Befehl Kardinal Richelieus niedergelegten **Château de St-Bernard** blickt man auf die Bucht von Toulon und auch Îles d'Or genannten Îles d'Hyères hinunter, im Osten ragen die Höhen des sanft ansteigenden Massif des Maures auf.

TOP TIPP

Massiv und Inseln waren ursprünglich Teile eines einzigen Blocks, des sog. *Tyrrhenischen Schildes*. Dieser ragte vor rund 500 Millionen Jahren als Kontinent aus einem gewaltigen Meer heraus, das damals weite Strecken des späteren Europa überflutete. Im Laufe der Jahrmillionen wurde er weitgehend abgetragen, aus den Sedimenten und Schalen der Meerestiere aber entstanden neue Gebirge, die im Tertiär durch gewaltige Erdbewegungen emporgehoben wurden. Vor rund zwei Millionen Jahren wurden bei der ›Herzynischen Faltung‹ die Inseln vom Festland abgetrennt. Die unterschiedliche Beschaffenheit der alten kristallinen Gebirge und der steilen, hellen Kalkklippen der westlich anschließenden Küste wird sofort augenfällig. **Farbige Gesteine** – roter Porphyr, grüner Serpentin, grauer Gneis – bestimmen das Bild; schon die Römer haben sie hier in Steinbrüchen abgebaut und das kostbare Baumaterial weithin verschifft. Der veränderten mineralischen Zusammensetzung entspricht auch ein Wechsel in der Vegetation: Von den dichten, dunklen Wäldern war bereits die Rede, die dem Massif des Maures, dem Mohrenmassiv (prov.: maouro = dunkel), seinen Namen gegeben haben. Allerdings hat der Name auch mit den Mauren zu tun, den Sarazenen, denn die dunkelhäutigen Seeräuber suchten jahrhundertelang plündernd und mordend die Küsten des Mittelmeers heim.

Hyères selbst entstand im Mittelalter und war ein bevorzugter Ausgangshafen der *Jerusalempilger*. 1254 ging hier, bei seiner Rückkehr vom 7. Kreuzzug, Ludwig der Heilige an Land. Nach der Angliederung der Provence an Frankreich wurde die Stadt Sitz eines Seneschalls, heute ist

Marktplatz und Chapelle St-Blaise, die frühere Komturei der Templer, in Hyères

sie ein Geheimtipp für alle, die die Côte lieben, aber dem Massentourismus entkommen wollen. Denn überlaufen ist die Küste hier selbst im Sommer selten, und nachdem der Wintertourismus des vorigen Jahrhunderts aus der Mode gekommen ist, leben die Bewohner vorwiegend von den natürlichen Schätzen der Region: Sie gewinnen Salz und bauen Frühgemüse an, exportieren Obst, Wein und Blumen, Palmen und andere subtropische Gewächse, die hier in faszinierender Üppigkeit gedeihen. Denn das Klima ist mild, das Meer wirkt als Wärmespeicher und mindert das Temperaturgefälle. Frost gibt es praktisch nie, und die Berge halten die widrigen Winde ab.

Wie in den meisten Orten der Côte besteht das **Stadtbild** aus zwei stark kontrastierenden Teilen: der engen, verwinkelten *Altstadt* und dem mondänen, heute etwas verstaubt wirkenden Viertel eines verblichenen *Nobeltourismus*, der wenig gemein hatte mit dem demokratischen Sonnen- und Körperkult heutiger Urlauber. In der **Altstadt** von Hyères ist die wehrhaft aufragende, zweigeschossige **Chapelle St-Blaise** (12. Jh.) sehenswert, der Rest einer ehem. Komturei der Templer. Heute ist sie Ausstellungsraum mit Informationen über die Tempelritter, die es einst übernahmen, die Küste vor den Mauren zu schützen.

Zumindest ihrem Ursprung nach romanisch sind auch die Franziskanerkirche **St-Louis** (schöne einfache Gewölbe) und die im 16. Jh. im ›Style flamboyant‹ (spätgotischer Baustil mit flammenförmiger Ornamentik) erneuerte Pfarrkirche **St-Paul**. Oberhalb der Kirche finden sich die Reste der mehrfach eroberten und zerstörten **Burg** (Aussicht!), in der Nähe, im Park St-Bernard, steht die 1924 erbaute **Villa de Noailles**. Hier arbeiteten zeitweilig Alberto Giacometti und Man Ray (heute Kulturzentrum).

Am Ort einer schon im Mittelalter bezeugten Wallfahrt wurde 1957 die Kirche **Notre-Dame-de-Consolation** (Architekt: R. Vaillant; Skulpturen: Lambert-Rucki; Fenster: Gabriel Loire) erbaut. Die interessante Sammlung von Votivgaben befindet sich jedoch in der Pfarrkirche. Man erreicht die Wallfahrtskirche über die N 559 in Richtung Süden und kommt, folgt man der Straße weiter bis zum Golfe de Giens, schließlich zu den Ruinen der von den Sarazenen zerstörten kleinen Kirche **St-Pierre-de-l'Amanarre**. Sie gehörte zu einem Benediktinerkonvent; der Name leitet sich von dem Leuchtturm (al-Maner) ab, den die Sarazenen oberhalb der Kapelle erbauten. In der Nähe wurden nicht nur merowingische Gräber entdeckt, sondern auch weiter westlich Reste zweier antiker Städte, die zeitlich – räumlich aber wohl etwas versetzt – aufeinander folgten: Das griechische *Olbia* (›die Glückliche‹) und das römische *Pamponiana*. Die Ausgrabungen begannen bereits 1843, sind jedoch längst noch nicht beendet und lassen für die Zukunft noch einigen Aufschluss erwarten.

TOP TIPP

Zu den **Îles d'Hyères** gehören Porquerolles, Port-Cros, Île du Levant und einige kleinere Eilande. Ein wahres Dorado landschaftlicher Schönheit sind diese ›Goldenen Inseln‹. Îles d'Or werden sie seit der Renaissance genannt, vielleicht wegen der goldfarbenen Tönung ihres Gesteins, wahrscheinlicher aber in Anspielung auf die ›Glücklichen Inseln‹ des ›Goldenen Zeitalters‹. Die Griechen nannten sie nüchterner Stoechaden, was eine gereihte Inselgruppe meint im Gegensatz zu Kykladen (kreis-

Port-Cros, eine der paradiesischen Hyèrischen Inseln

förmige Anordnung) und Sporaden (unregelmäßige Anordnung, wie bei ›sporadisch‹).

Ligurische und griechische Funde belegen ihre frühe Besiedlung. Später kamen die Römer und die Mönche von Lérins, die Sarazenen und von Franz I. dort angesiedelte Sträflinge.

Heute sind die Inseln z. T. in Privatbesitz, aber zugänglich bis auf Bereiche, die als militärisches Sperrgebiet nicht betreten werden dürfen. Die *Île du Levant* teilen sich Militärs und Nudisten: Im Osten ist eine Raketenversuchsstation untergebracht, im Westen wurde 1931 eine der ersten Naturistenkolonien Europas etabliert. Sämtliche Inseln sind *Naturschutzgebiet*; Ausgangspunkt für Ausflüge, für die man sich viel Zeit lassen sollte, sind die Küstenorte Hyères, Port Miramar und Le Lavandou.

In Hyères gibt es auch einen allerdings nur innerfranzösischen *Flughafen* (Toulon-Hyères), Tel. 04 94 22 81 60.

Praktische Hinweise

Information: Office de Tourisme, 3, Avenue Ambroise Thomas (Forum du Casino), Tel. 04 94 01 84 50, Fax 04 94 01 84 51, sowie Chalet, route de Toulon (15. 6.–15. 9.), Tel. 04 94 65 33 40.

Hotels

Mas du Langoustier, auf der Île de Porquerolles, ca. 4 km vom Hafen entfernt, Tel. 04 94 58 30 09, Fax 04 94 58 36 02. Sehr komfortables Hotel in einem wunderbaren Park in unmittelbarer Strandnähe. Dabei ein weithin bekanntes Restaurant der Spitzenklasse (15. 10.– 30. 4. geschl.).

Soleil, rue Rempart, Tel. 04 94 65 16 26, Fax 04 94 35 46 00. Zentral im Altstadtbereich gelegenes Hotel ohne Restaurant.

Restaurant

Jardins de Bacchus, 32, av. Gambetta, Tel. 04 94 65 77 63, Fax 04 94 65 71 19. Vorzügliches Restaurant mit regionalen Spezialitäten (25. 6.– 11. 7. geschl.).

8 Collobrières

Lohnendes Ziel für eine Fahrt ins Massif des Maures.

›Capitale des Maures‹ (Hauptstadt des Mauren-Gebirges) – selbstbewusst wirbt das Office de Tourisme für Collobrières. Der Ort ist das Zentrum dieser durch ihre Kastanienwälder berühmten, noch keineswegs überlaufenen Gegend. Er fasziniert durch seine Gässchen und Brunnen und wird überragt von der *Kirchenruine St-Pons*, die ebenso wie die *Brücke* über den Réal Collobrier (›Schlangenfluss‹) aus dem 11. Jh. stammt. Weitaus ältere *Siedlungsreste* (Ringwälle, Menhire) deuten auf urzeitliche Besiedlung. In der Nähe bietet das Plateau der Wallfahrtskirche **Notre-Dame-des-Anges** eine überwältigende Aussicht; ebenso das in einsamen Höhen gelegene ehem. Karthäuserkloster, die **Chartreuse de la Verne** (Sommer Mi–Mo 11–18, Winter Mi–Mo 10–17 Uhr, Fei und Nov. geschl.), deren Ruinen aus dem 18. Jh. noch gut die für diesen Orden typische Anlage erkennen lassen: Jedem Mönch stand ein eigenes Häuschen zur Verfügung. Seit kurzem lebt hier wieder eine klösterliche Gemeinschaft (Bethlehem-Bruderschaft).

Praktische Hinweise

Information: Office de Tourisme, bd Charles-Caminat, Tel. 04 94 48 08 00, Fax 04 94 48 05 62.

Hotel

Notre Dame, 15, av. de la Libération, Tel. 04 94 48 07 13, Fax 04 94 48 05 95. Hotel mit gut geführtem Restaurant. Wildspezialitäten (Di sowie Dez./Jan. geschl.).

Restaurants

TOP TIPP **La Ferme**, Chèvrerie du Peigos, Col de Babaou, Tel. 04 94 48 03 83. Einfach, rustikal, aber köstliche bodenständige Küche. Produkte direkt vom Bauernhof. Spezialität: Ziegenkäse (1. 9. – 30. 6. abends geschl.).

La petite Fontaine, 6, place de la République, Tel. 04 94 48 00 12. Deftige provenzalische Küche (So abends und Mo sowie 15. 9. – 30. 9. geschl.).

9 Brignoles

Einst heimliche Hauptstadt der Provence.

Die dritte und älteste der drei heute noch erhaltenen provenzalischen Zisterzienserabteien – ursprünglich gab es in der Provence elf Niederlassungen dieses Ordens –, Le Thoronet [Nr. 10], ist über Brignoles zu erreichen. Zugleich ist der Ort Frankreichs wichtigstes Abbauzentrum für *Bauxit*. Jährlich werden hier zwei Millionen Tonnen dieses Minerals gewonnen, das Ausgangsmaterial der Aluminiumherstellung ist. Der Ort ist ferner bekannt für seine *Marmorsteinbrüche* und die *Weinmesse*, die alljährlich im April stattfindet, sowie für seine *eingelegten Pflaumen*. Die ›Prunes de Brignoles‹ kommen heute freilich aus Digne-les-Bains. Im 13. Jh. war Brignoles heimliche Hauptstadt der Provence, da die Fa-

Bestandteil provenzalischer Lebenskunst: Boule-Spielen

milie der Anjou hier ihren Sommersitz hatte.

Die Place des Comtes de Provence erinnert noch daran. Im ehemaligen Grafenpalast informiert das **Musée du Pays brignolais** (Mi – Sa 9 – 12, 14.30 – 18, im Winter sowie So 10 – 12, 14.30 – 17 Uhr. Mitte Sept. – Mitte Okt. geschl., Tel. 04 94 69 45 18) nicht nur über die erwähnten Erwerbszweige, sondern bewahrt auch den berühmten *Sarkophag de Gayole*, dessen Motive den nahtlosen Übergang von der Antike zum Christentum markieren (Sol, Pluto, Guter Hirte). Der Sarkophag, der aus einem heute nur noch als Ruine ca. 9 km westlich der Stadt erhaltenen Oratorium stammt (von dort auch der ebenfalls im Museum aufgestellte Altartisch, 6. Jh.), dürfte vor dem Jahr 200 n. Chr. entstanden und wahrscheinlich aus Italien eingeführt worden sein. Er ist somit wesentlich älter als die Sarkophage von Arles und Marseille und wahrscheinlich das älteste christliche (?) Bildwerk in Gallien.

Das **Museum** – das freundlicherweise überhaupt alles hütet, was wohlmeinende oder entsprechend von sich eingenommene Menschen ihm jemals vermacht haben – bewahrt auch Arbeiten der Künstlerfamilie Parrocel (s. u.). Aber auch vieles andere von Interesse, so neben der ins Museum einbezogenen, reich ausgestatteten benachbarten *Chapelle St-Louis* (ehem. Kapelle der Grauen Büßer) u. a. eine eindrucksvolle *Schwarze Madonna*, die als christianisierte heidnische Muttergöttin ausgegeben wird, ganz zweifellos aber erst dem 13. Jh. entstammt. Die *Barque de Lambot*, das Betonboot, erinnert an Joseph Monier (1823–1906), den Erfinder des armierten Betons (›Moniereisen‹).

Die Pfarrkirche **St-Saveur** stammt aus dem 15./16. Jh., bewahrt jedoch ein schönes romanisches Stufenportal vom Vorgängerbau (Sakristeitür 15. Jh; Hochaltar 1585). Ein eindrucksvolles Bild ist die ›Kreuzabnahme‹ von *Barthélemy Parrocel*, der 1660 in Brignoles starb. Er war der Vater des bedeutenden Schlachtenmalers *Joseph Parrocel* (1646 – 1704).

Es empfiehlt sich, der vom Fremdenverkehrsbüro angebotenen Wegbeschreibung zu folgen, die auf sinnvolle und überschaubare Weise die hervorragend erhaltene, sich auf ovalem Grundriss konzentrierende Altstadt erschließt.

Ein lohnender Abstecher (ca. 2 – 3 km) führt nach **La Celle**, von dessen im 6. Jh. gegründeter *Benediktinerinnenabtei* (abhängig von St-Victor, Marseille) bemerkenswert gut erhaltene Räume geblieben sind (Di – Sa 10 – 12, 14 – 18 Uhr, So, Mo 14 – 18 Uhr, Tel. 04 94 69 04).

Praktische Hinweise

Information: Office de Tourisme, Parking des Augustins, Tel. 04 94 69 01 78. Hier ist auch eine kostenlose Wanderbroschüre erhältlich.

Markt: Jeden Sonntagvormittag großer provenzalischer Markt.

Hotel

Von zahlreichen Hotels und Restaurants sei hier nur die 2,5 km Richtung Toulon (über die D 554) gelegene **Mas de la Cascade** erwähnt, ein außerordentlich reizvolles Hotel-Restaurant mit Garten und historischer Einrichtung, Tel. 04 94 69 01 49.

TOP TIPP 10 Le Thoronet

Ältestes provenzalisches Zisterzienserkloster.

Auf einer kleinen Nebenstraße unterqueren wir kurz nach Brignoles die Autobahn und gelangen nach Le Thoronet. Das ehem. **Zisterzienserkloster** (1. 4. – 30. 9. tgl. 9 – 19 Uhr, So aber 12 – 14 Uhr geschl.; 1. 10. – 31. 3. tgl. 9 – 12 und 14 – 17 Uhr; Tel. 04 94 73 87 13) liegt bescheiden und versteckt in der Einsamkeit der Wälder, wie üblich bei den Gründungen dieses Ordens. Heute befinden sich allerdings in der Nähe riesige Bauxitsteinbrüche.

Initiator der Gründung war *Raymond Bérenger*, Graf von Barcelona und Marquis de Provence, der das Kloster Mazan – seinerseits eine Tochter des Mutterklosters Cîteaux – um die Aussendung von Mönchen für seine neue Niederlassung bat. Sie kamen, ein Abt mit zwölf Gefährten, und ließen sich zunächst am Fluss Forieille nieder (1136). Zehn Jahre später jedoch verlegten sie das Kloster nach Süden, in die Nähe des Dorfes Thoronet. Bérenger überließ den Mönchen das von ihnen gewählte Land, durch weitere Schenkungen kam die Abtei rasch zu Einfluss und Wohlstand.

Der wohl bedeutendste Abt von Le Thoronet, *Folques von Marseille*, durchlief eine erstaunliche Karriere: Er war zunächst ein erfolgreicher Kaufmann, wurde dann Troubadour, nach 1196 Mönch, 1201 Abt, schließlich Bischof von Toulouse und avancierte leider zum fanatischen Scharfmacher in den Albigenserkriegen.

Der Niedergang des Klosters bahnte sich, wie meist, schon im Spätmittelalter an. Zu einer ersten Auflösung kam es in den Religionskriegen, die endgültige brachte die Französische Revolution. Die letzten sieben Mönche mussten das Kloster verlassen, das verkauft, doch um die Mitte des 19. Jh. bereits wieder vom Staat zurückerworben und renoviert wurde.

In der erstaunlich kurzen *Bauzeit* von 15 Jahren entstanden ab 1160 Kirche und Klostergebäude. Für die faszinierende Einheit von Form und Funktion, Askese und Perfektion, Bescheidenheit und Unbedingtheit, die in den Klöstern der Zisterzienser wie in keiner anderen Ordensgemeinschaft exemplarisch und kanonisch Gestalt angenommen hat, ist Le Thoronet ein hervorragendes Beispiel.

Verglichen mit den beiden anderen provenzalischen Zisterzienserklöstern (Sénanque und Silvacane) ist Le Thoronet eine Steigerung, ein Nonplusultra an kraftvoller Konzentration. Die Spitztonne des **Hauptschiffs** ruht auf drei Gurtbögen, Kuppel und Obergaden fehlen. Ein kreisrundes Chorfenster, eine Fenstergruppe im Westen genügen, das Licht zu dosieren. Vierteltonnen über den **Seitenschiffen** übernehmen die Funktion von Strebepfeilern, zusätzliche Strebevorrichtungen entfallen. Die Gurte der Tonnen werden in Vorlagen fortgesetzt, die etwa drei Meter über dem Boden von Konsolen abgefangen werden. Darunter befand sich das **Gestühl**: im Schiff für die Konversen (Laienbrüder), im Chor für die Mönche, im rechten Seitenschiff für Laien und Gäste.

Der linke Arm des weit ausladenden **Querschiffs** (man beachte die Anlage der Apsiden: Nur die Hauptapsis wölbt sich nach außen, die jeweils zwei Nebenapsiden dagegen sind in den Rechteckgrundriss einbeschrieben) eröffnet den Zugang zur Sakristei und – über die große Treppe – zum Dormitorium.

Die Pforte im Seitenschiffjoch davor führt in den **Kreuzgang**. Er ist auf geländebedingt unregelmäßigen Viereckgrundriss angelegt und im Dachbereich – vom Dormitorium aus – begehbar. Das achteckige **Brunnenhaus** ist das einzige, das sich in der Provence erhalten hat. Auffällig ist die kunstvolle Gestaltung des **Kapitelsaals**, in dem bereits moderne, aus dem Norden eindringende Bauideen (Kreuzrippengewölbe) Anwendung fanden. Nach 1200 wohl erst wurde das nordwestlich an das Kreuzungsgeviert angefügte **Refektorium** der Konversen vollendet. Der Speisesaal der Mönche, bei der Brunnenhalle im Norden des Kreuzgangs gelegen, ist nicht mehr erhalten.

11 Draguignan

Geschäftiges Zentrum im provenzalischen Hinterland.

In der bereits voralpin anmutenden Landschaft nördlich von Le Thoronet fand man zahlreiche Gegenstände aus der Bronze- und Eisenzeit. Im geschäftigen Draguignan ist (am Ortsende links der D 955) ein besonders eindrucksvoller **Dolmen** zu bewundern, die – von ihren Entdeckern wieder aufgerichtete – Pierre de la Fée.

Draguignan selbst, die geschäftige Hauptstadt des *Départements Var*, leitet ihren Namen von einem Drachen ab, der hier die Pilger auf ihrem Weg nach St-Honorat [Nr. 20] belästigt haben soll. Er wurde vom hl. Hermentaire, dem späteren Bischof von Antibes, getötet. Sehenswert sind der **Uhrturm** über der Altstadt (an der Stelle eines 1660 zerstörten Wehrturms), die breiten **Alleen**, die von Baron *Haussmann* angelegt wurden, und das Volkskundemuseum, **Musée des Arts et Traditions de moyenne Provence** (tgl. außer Mo und So vormittags 9–12, 14–18 Uhr). Es befindet sich im ehem. Sommerpalast des Bischofs von Fréjus im Ursulinenkloster (17. Jh.) u. a. mit Arbeiten von Rembrandt, Frans Hals und Philippe de Champaigne.

Von den Orten der Umgebung seien hier nur **Lorgues** (13 km südwestlich; Zentrum der Olivenproduktion, schöne Altstadt, klassizistische Stiftskirche mit Puget zugeschriebener Marienfigur) und **Châteaudouble** (12 km nördlich, bei den gleichnamigen *Gorges*) erwähnt. Das hervorragend revitalisierte Bergnest wird von einem Sarazenenturm überragt. Der seltsame Ortsname verweist nur scheinbar auf ein ›Doppelschloss‹: Châteaudouble heißt eigentlich ›castellum diaboli‹ und verdankt somit seinen – euphe-

Der Kreuzgang von Le Thoronet – im Vordergrund das Brunnenhaus

mistisch verbrämten – Namen der ›teuflischen‹ Lage hoch auf dem Felsen. Von Draguignan aus ist auch der wohl eindrucksvollste Cañon Europas zu erreichen, die *Gorges du Verdon* [Nr. 17].

Praktische Hinweise

Information: Office de Tourisme, 9, bd Clémenceau, Tel. 04 94 68 83 30, Fax 04 94 47 10 76.

Hotel

Parc, 21, bd Liberté, Tel. 04 98 10 14 50, Fax 04 98 10 14 55. Zentral gelegenes Hotel ohne Restaurant.

Restaurants

in Lorgues

Bruno, 3 km südöstlich von Lorgues auf der Route des Arcs, Tel. 04 94 85 93 93. Wunderschönes Gartenlokal mit traumhafter Aussicht und ausgesprochen exquisiter Küche (15. 9.–15. 6. So abends und Mo geschl.).

in Châteaudouble

La Tour, place Beausoleil, Tel. 04 94 70 93 08. Einfaches, aber vorzügliches Restaurant mit regionaltypischen Gerichten. Von der Terrasse bietet sich ein großartiger Ausblick (Mi geschl.).

12 St-Tropez

Laufsteg der Jungen, Schönen und Reichen.

St-Tropez – der Name lässt schillernde Träume assoziieren: Eine Welt fern des Alltags, Dorado der Freiheit in paradiesischer Landschaft, tiefblaues Meer, Palmen, viel Geld, Jachten, Tanz, Sonne, Sand, Sex, Stelldichein der Starlets und Snobs, der Berühmten und solcher, die es gerne wären oder vielleicht auch schon zufrieden damit sind, planetenhaft etwas vom Licht der Sterne abzubekommen, wenn man sich nur bei ihnen aufhält.

Freilich ist der Glanz der goldenen 50er-Jahre des 20. Jh. längst verblichen, die wirklichen VIPs haben sich weitgehend zurückgezogen, der berühmten Brigitte Bardot wird man nicht mehr begegnen. Aber keine Angst, man kommt schon noch auf seine Kosten: Da flanieren sie, die Jungen und Schönen und Reichen, und wenn schließlich nur noch Letzteres übrig geblieben ist, treibt das Bemühen, das andere zu erhalten oder zumindest vorzutäuschen, mitunter seltsame Blüten. Tatsächlich gibt es sie noch, die englischen Ladies und Lords, die auf dem Deck ihrer blitzenden Jacht soupieren, von Kellnern im Frack bedient und bestaunt von den weniger Privilegierten drunten am Quai. Durch deren Menge brechen sich exotisch gestylte Autos Bahn, röhrende Motorräder, die wie Hirsche aus Lack und Chrom wirken, jedes von ihnen ein Museumsstück, der riesige Bentley darf nicht fehlen und auch nicht der selbstverständlich knallrote Ferrari mit dem originell-schüchternen Kennzeichen ›2 [= too] SHY‹.

O ja, die Entdecker dieser Küsten sind immer noch da, und die Lady von der schneeweißen Jacht ›Southampton‹ blickt gelassen-gelangweilt von ihrer Maniküre hoch und auf den neureichen Turboflitzer aus Frankfurt hinunter. Der Ort ist gebeutelt von Extremen: überlaufen im Sommer, ausgestorben im Winter. Besuchenswert ist er vor allem in den Monaten dazwischen.

Bevor die Künstler den Ort und seine Küste entdeckten, lag St-Tropez ziemlich

Licht-Zauberei: das unglaubliche Blau von St-Tropez. Blick auf das einstige Fischerdorf und die gegenüberliegende Küste

einsam am Ende einer winzigen Straße, in einer Gegend, die jahrhundertelang fast unbewohnbar war. Denn die Küste wurde ständig von Seeräubern überfallen, sodass sich die Bewohner schließlich in die unwegsamen Berge zurückzogen.

Später hat sich diese Bewegung umgekehrt: Alles drängte zur gewinnträchtigen Küste, das Bergland dagegen war weitgehend menschenleer. Interessant ist, heutzutage den entgegengesetzten Trend zu beobachten; er regelt sich offenbar nach den Gesetzen von Angebot und Nachfrage. Jedenfalls hat man die Bergdörfer regeneriert und renoviert, und sie offerieren selbstbewusst den Touristen, was die Küste nicht bieten kann: Ruhe und Intimität.

Bewohner sind zurückgekehrt, viele Häuser haben als Zweit- und Ferienwohnsitz ihren Besitzer gewechselt. Ein Strukturwandel hat stattgefunden, gewiss, aber es ist doch einiges erhalten geblieben von der unvergleichlichen Atmosphäre dieser einst verloren geglaubten Felsennester.

Eines von ihnen, nahe bei St-Tropez, sei als besonders sympathisches Beispiel erwähnt: **Ramatuelle** mit seinen Gässchen, Treppen und Plätzen, sympathischen Restaurants und dem Grab des Schauspielers *Gérard Philippe* († 1959) auf dem kleinen Friedhof.

Die Vorgeschichte von St-Tropez liegt im Dunkeln. Wahrscheinlich hat es griechisch-römische Ursprünge, der Name jedenfalls soll auf einen Märtyrer namens *Torpes* zurückgehen, der unter Kaiser Nero seines Glaubens wegen auf grausame Weise den Tod erlitt. Sein Kopf wird in Pisa verehrt, der Körper soll auf einem führerlosen Schiff an der Küste von St-Tropez gelandet, dort gefunden und begraben worden sein. Seit den Sarazeneneinfällen ist der Leichnam des Heiligen freilich verschollen.

Die **Sarazenen** waren Nachfahren je-

Die Bravade von St-Tropez

Wer ein ganz anderes, ursprüngliches und traditionsreiches St-Tropez kennen lernen will, sollte es einrichten, Mitte Mai hier zu sein, wenn das ehemalige Fischerdorf das dreitägige Fest seines kopflosen Namens- und Kirchenpatrons, des hl. Torpes, TOP TIPP *feiert. Die* **Bravade** *(bedeutet ursprünglich ›kühne Tat‹) beginnt am 16. Mai mit einem morgendlichen Ständchen vor dem Rathaus. Am Nachmittag zieht unter dem ohrenbetäubenden Lärm zahlloser Gewehrsalven das* **Corps des Bravadeurs** *in napoleonischen Uniformen durch die Altstadt. Bürger aus Pisa, wo der Heilige enthauptet worden war, tragen – als Zeichen der Reue – dessen Büste. Die große Bravade folgt aber erst am nächsten Tag, mit einer mehrere Stunden dauernden* **Prozession** *zu einer außerhalb des Orts gelegenen Kapelle. Dankgottesdienst und anschließendes Picknick beschließen am dritten Tag das Fest, mit dessen Vorbereitung und prunkvoller Durchführung gut die Hälfte aller Einwohner monatelang beschäftigt ist. Das Corps des Bravadeurs war ursprünglich eine Bürgerwehr; noch heute wird am Ostermontag der Capitaine de la Ville gewählt, der dem Corps vorsteht.*

ner Araber, die sich in den ersten Jahrzehnten des 8. Jh. darangemacht hatten, das Abendland zu erobern. Von Karl Martell 732 bei Poitiers vernichtend geschlagen, konzentrierten sie sich fortan auf den Aufbau ihres Reiches in Spanien, das in jener Zeit nicht seinesgleichen an verfeinerter Kultur, geistigem Niveau und liberaler Weite hatte.

Die **Mauren**, die im Bereich der Küste zurückblieben, gerieten dagegen zur Landplage: Zwischen Genua und Marseille war kein Ort vor ihnen sicher. Sie überfielen die Küste, errichteten Festungen und kleine Königreiche, beherrschten die Buchten und Strände. Ihr wichtigster Stützpunkt war Grand Fraxinet, das heutige **La Garde-Freinet** oberhalb von St-Tropez in den Bergen. Dort sind freilich keinerlei Spuren mehr zu sehen, die auf jene Zeit zurückweisen.

Erst unter Wilhelm I., der als Graf der Provence zu einem regelrechten Kreuzzug gegen die Araber aufrief, wendete sich das Blatt: 973 wurde Grand Fraxinet erobert, die Sarazenen wurden zwar weder ausgerottet noch vertrieben – immerhin machten sie damals längst das Gros der Küstenbevölkerung aus –, aber zu Sklavendiensten gezwungen. Ihre Nachkommen bewohnen die Küste noch heute, und immer wieder wird man ihren markanten Gesichtszügen in dieser Region begegnen, auch manchen sarazenischen Lehnwörtern und Bräuchen.

Aus ihren Festungen vertrieben, widmeten sie sich fortan wieder verstärkt dem ›Piraten-Handwerk‹. Ein beliebter Sport bestand darin, christliche Gefangene bis zur Zahlung eines hohen Lösegeldes festzusetzen. Erst 1830, nach der Eroberung Algiers durch König Karl X., hatte die **Seeräuberplage** schließlich ein Ende.

Auch St-Tropez war mehrmals dem Erdboden gleichgemacht worden, zuletzt freilich nicht durch die Mauren, sondern Ende des 14. Jh. im Krieg zwischen Anjou und Durazzo. Hundert Jahre später, 1470, beauftragte Jean Cossa, der Seneschall der Provence, den genuesischen Edelmann *Raffaele Garezzio*, Ort und Hafen wieder aufzubauen. Zahlreiche **Genueser** ließen sich in der Stadt nieder, König Réne gewährte ihnen Steuernachlass und Privilegien. Auf diese Weise erhielt St-Tropez so etwas wie einen Autonomiestatus innerhalb des provenzalischen und später französischen Staates. Es waren die **Maler**, die dann rund 400

Ein sehr lebendiger Mythos: St-Tropez mit seiner Flaniermeile am Hafen ist nach wie vor ein Laufsteg der Schönen und Reichen

Jahre später die Küste, ihr strahlendes Licht und ihre leuchtenden Farben neu entdeckten [s. S. 52].

In bemerkenswerter Dichte und Authentizität gibt das kleine **Musée de l'Annonciade** (place Grammont, Tel. 04 94 97 04 01; 1.6.–30.9. Mi–Mo 10–12, 15–19 Uhr, 1.10.–30.5. Mi–Mo 10–12, 14–18 Uhr; Nov. geschl.) Einblick in die faszinierende Kunst der Pointillisten und Fauvisten, deren Stilentwicklung hier intensiver als anderswo nachempfunden werden kann. Die hevorragende, repräsentative Kollektion ist in einer profanierten Kapelle am westlichen Ende des Hafens untergebracht – dank *Georges Grammont*, eines Fabrikanten aus Lyon, der Unterseekabel herstellte und als Freund und Gönner die Künstlerkolonie engagiert unterstützte. Grammont ließ die 1568 erbaute Kapelle von seinem Architekten *Louis Sue* zum Museum umbauen und machte den Maler *Dunoyer de Segonzac* zum Konservator. 1956 vermachte dieser seine Sammlung der Stadt.

1961 entwendeten offensichtlich fachkundige Diebe 65 der wertvollsten Bilder aus dem damals noch schlecht gesicherten Museum. Glücklicherweise wurden alle bereits ein Jahr später wieder gefunden.

Nach den Malern kamen – zwischen den beiden großen Kriegen – die Schriftsteller und Bohemiens, die Existentialisten und Schauspieler. *Colette*, die mit Segonzac befreundet war, schrieb: »Es sind nun bald vierzehn Jahre, als ich hier arglos zum ersten Male in St-Tropez haltmachte. Sie sehen, ich bin immer noch hier, und zwischen Meer und Wald, von Pampelonne bis Salins, bewege ich mich kaum, höchstens um zwischen Spazierengehen oder Baden, zwischen Rosé oder Weißwein, zwischen langem Tag oder kurzer Nacht zu wählen. Hier blättern die Sorgen ab. Hier herrscht ein Blau, welches das der Träume ist, das aber an der provenzialischen Küste alle Wirklichkeit badet.« (zitiert nach Rolf Legler).

In den erbitterten Kämpfen zwischen deutschen Besatzern und Alliierten wurde gegen Ende des Zweiten Weltkriegs der malerische Hafen von St-Tropez völlig zerstört – später aber – anders als in Marseille – originalgetreu wieder aufgebaut.

Pierre Bonnard, ›Akt vor dem Kamin‹ (›Nu devant la cheminée‹), 1919, Musée de l'Annonciade, St-Tropez

St-Tropez und die Maler

1892 landete der begeisterte Segler **Paul Signac** *mit seiner Jacht ›Olympia‹ in St-Tropez. Er war auf der Suche nach seiner Herkunft, denn er hatte erfahren, dass einer seiner Vorfahren 1590 Stadthauptmann besagter kleiner Seerepublik gewesen war. Der Ort und seine Lage faszinierten ihn, und er ließ sich in St-Tropez nieder. Freunde und Kollegen folgten ihm, und so wurde die kleine Stadt am Meer bald zum Treffpunkt einer neuen Künstlergeneration. Ihre Vorgänger, etwa Cézanne, hatten sich für die Küste kaum interessiert, erst ein verändertes Kunstwollen schuf die Voraussetzungen für diese landschaftliche Neuentdeckung.*

Kaum ein wichtiger Name aus der Liste prominenter Bahnbrecher der neuen Malerei fehlt: Bonnard und Braque, Camoin und Cross, Derain, Dufy, Manguin, Marquet, Matisse, Seurat, de Vlaminck und Vuillard – Vertreter einer Kunst, der es nicht mehr um das Abbild, sondern um das Bild ging, die aus der von den Impressionisten befreiten Farbe ein autonomes, im **Pointillismus** *quasi wissenschaftlich systematisiertes, im* **Fauvismus** *emotional enthemmtes, expressiv aufgeladenes Gestaltungsmittel machten.*

André Derain, ›Spiel der Sonne auf dem Wasser‹ (›Effets de soleil sur l'eau‹), 1905, Musée de l'Annonciade, St-Tropez

Verführerische Genüsse an der Place aux Herbes

Und so kam es denn zu einer weiteren, vorläufig letzten Welle prominenter Neusiedler: 1950 ließ sich die Diva der späten 50er- und der 60er-Jahre des 20. Jh., *Brigitte Bardot*, mit ihrem Ehemann *Roger Vadim* in St-Tropez nieder. Dem Idol folgten Freunde und Kollegen in Scharen, aber auch Verehrer und Fans, Hippies und Lebenskünstler aller Art. Audrey Hepburn, Françoise Sagan, der Maler Bernard Buffet, Jane Fonda, Charles Aznavour – dies sind lediglich einige wenige Namen aus dem ›Who's who‹ der Côte d'Azur, aus dem glitzernden Feuerwerk der Stars, die in den ›Golden Fifties‹ in St-Tropez aufleuchteten.

Nicht versäumen sollte man einen Besuch der **Zitadelle** (16./17. Jh.), weniger wegen des dort untergebrachten Marinemuseums, als vor allem wegen der großartigen *Sicht* auf Altstadt, Pfarrkirche (18. Jh.), Golf und die das Panorama rahmenden Gebirge.

Auf Ausflügen entlang der Küste gibt es viele schöne *Strände* zu entdecken. Reizvoll sind auch die Dörfer der Umgebung und ein Besuch in *Port-Grimaud*, einer 1966 als Lagunenstadt von François Spoerri konzipierten Anlage.

Praktische Hinweise

Information: Office de Tourisme, Quai Jean-Jaurès, Tel. 04 94 97 45 21, Fax 04 94 97 82 66.

Fahrradverleih

Location 2 Roues, 5, rue Quaranta, Tel. 04 94 97 00 60. (Mo – Sa 9 – 19, 20. 6. – 10. 9. auch So 9 – 13, 16 –19 Uhr)

Hotels

Résidence de la Pinède, 1 km außerhalb am Strand Plage de la Bouillabaisse (Richtung St-Raphaël), Tel. 04 94 55 91 00, Fax 04 94 97 73 64. Teures Nobelhotel mit ebensolchem Restaurant (8. 10. – 6. 4. geschl.).

La Bastide de St-Tropez, route des Carles, Tel. 04 94 97 58 16, Fax 04 94 97 21 71. Das hauseigene Restaurant L'Olivier ist mit einem Michelin-Stern ausgezeichnet (Hotel 2.– 31. 1. geschl., Restaurant Di sowie von Okt. bis Ostern auch Mo geschl.).

Lou Cagnard, 10, av. P.-Roussel, Tel. 04 94 97 04 27, Fax 04 94 97 09 44. Als preiswerte Unterkunft empfehlenswert.

in Ramatuelle

La Baou, Tel. 04 94 79 20 48, Fax 04 94 79 28 36. Komfortables Hotel mit Restaurant mit Blick auf Altstadt und Meer (1. 3.–15. 11. geöffnet).

Ferme d'Hermès, route Escalet, 2,5 km südöstlich, Tel. 04 94 79 27 80, Fax 04 94 79 26 86. Reizvoll in den Weinbergen gelegenes Hotel, ohne Restaurant (1. 4.–31. 10 geöffnet).

Camping

In der Umgebung von St-Tropez gibt es zahlreiche Campingplätze, u. a. *Les Tournels*, route de Camarat, südlich von St-Tropez, Tel. 04 94 79 80 54.

Köstliche Teigwaren bei ›Au Fil à la Pâte‹ in Ramatuelle

13 Fréjus

Römische Hafen- und mittelalterliche Bischofsstadt mit Arena, Baptisterium und Kathedrale.

Jahrhundertelang führte nur eine einzige Straße von Italien zum Rhônetal, die *Via Aurelia*, die heutige N 7. Die Küste war unwegsam, das Gebirge voll von Wegelagerern, Schmugglern und entflohenen Sträflingen. Erst 1903 wurde, hart entlang der Felswand, eine neue, traumhaft schöne Straße angelegt, die *Corniche d'Or*. In Fréjus, einem von alters her wichtigen Verkehrsknotenpunkt, vereinigt sie sich mit der Via Aurelia.

Das ehem. Fischerdorf **St-Raphaël** hat längst das westlich anschließende Fréjus überflügelt. Sein Entdecker war der Romancier und Vielschreiber *Alphonse Karr* (1808–1890), der sich 1851 aus seinem verhassten Paris nach Nizza zurückzog, jedoch nach einigen Jahren, als ihm auch Nizza zu groß, zu laut und zu hektisch geworden war, noch einmal floh und sich in St-Raphaël niederließ. Seine Freunde – Dumas d. Ä., Gounod, Berlioz, Maupassant – folgten ihm. Was daraus wurde, ist leider nicht zu übersehen: Die Freude an der Schönheit dieser Landschaft wird heute erheblich beeinträchtigt durch die Zersiedelung der Küste. Doch nur wenig landeinwärts entschädigt das alte Fréjus.

Geschichte Die **Römer** gründeten Fréjus wahrscheinlich unmittelbar nach der Eroberung von Marseille und nannten es ›Forum Iulii‹. Veteranen der 8. Legion wurden angesiedelt, eine Stadtmauer gebaut, ein Hafen angelegt. Der Ort blühte auf, bekam im 4. Jh. einen Bischof, wurde im 10. Jh. von den **Sarazenen** zerstört, im 11. Jh. aber und nochmals im 16. Jh. neu befestigt, dazwischen im 14. Jh. von der Pest entvölkert. Aufstieg also und Niedergang im ständigen Wechsel, bis dann im 18. Jh. die Würfel endgültig fielen: Der hoffnungslos verschlammte Hafen musste aufgegeben werden. An Katastrophen hat es freilich auch im 20. Jh. nicht gefehlt: Große Teile der Stadt wurden 1959 verwüstet, als der **Staudamm von Malpasset** den Fluten des Reyan zum Opfer fiel. 400 Menschen kamen dabei ums Leben.

Zu Beginn des Ersten Weltkriegs war Fréjus ein wichtiger Stützpunkt für die Kolonialtruppen. An sie erinnern eine vietnamesische Pagode und eine sudanesische Moschee, ein Denkmal und ein Truppenmuseum (erreichbar über die N 7 Richtung Nizza bzw. die D 4 Richtung Fayence).

◁ *Am Strand von Les Issambres in der Nähe von Fréjus*

Besichtigung Wesentlich größer als das mittelalterliche Fréjus war die antike **Römerstadt**. Von ihr sind Teile der turmbewehrten Stadtmauer und ihrer Tore erhalten, zwei größere Gebäudekomplexe nördlich und seitlich des ehemaligen Hafens, außerdem die Fundamente des Theaters. Wenn hiervon auch nur noch Reste erhalten sind, so lassen diese doch die Ausmaße der alten Stadt erkennen. Anschaulicher noch und besser erhalten blieben die Ruinen des **Amphitheaters** (Arènes, April–Sept. Mi–Mo 9.30–12, 14–19 Uhr, sonst Mi–Mo 9–12, 14–16.30 Uhr). Imposant sind auch die Reste des *Aquädukts*, der die Stadt über 30 km hinweg mit dem Quellwasser der Siagne (entspringt bei dem reizvollen, gut restaurierten Bergdorf Mons weiter nördlich) versorgte. Der Verlauf des Aquädukts ist in der Landschaft noch gut zu verfolgen.

Aufschluss über die Bedeutung der antiken Hafenstadt und den Stand ihrer archäologischen Erforschung gibt das kleine, aber sehenswerte **Musée archéologique** im Kathedralbereich, in unmittelbarer Nähe des Kreuzgangs. Zu seinen besonderen Sehenswürdigkeiten gehören ein 1921 entdecktes römisches *Fußbodenmosaik* und eine 1970 gefundene marmorne *Doppelbüste* ›Hermes und Faun‹.

Wichtigster mittelalterlicher Bau ist die um 1200 an der Stelle einer Vorgängerkirche errichtete **Cathédrale Ste-Léonce** (tgl. außer Di 9–12, 16–19 Uhr). Sie wurde als einschiffiger Raum mit kreuzrippengewölbtem Schiff und turmbekröntem Narthex (Vorhalle) konzipiert. *Portal* und geschnitzte *Türflügel* (Szenen aus dem Marienleben, Petrus und Paulus; Stifter) stammen aus dem 16. Jh. und zeigen einen interessanten Stilübergang zwischen Gotik und Renaissance. Zum Narthex steigt man einige Stufen hinunter, auf das Niveau des Vorgängerbaus.

Das kostbarste Kleinod der Kirche ist das im Westen dem hohen, steilen Narthex vorgelagerte **Baptisterium** (Führungen Sommer Mi–Mo 9–19, Winter Mi–Mo 9–12, 14–17 Uhr) aus dem 5. Jh.: Spoliensäulen (wieder verwendete Reste antiker Bauten) gliedern den quadratischen Raum, dem ein Achteck einbeschrieben ist, und trennen die (je vier) rechteckigen von den halbkreisförmigen Nischen. Man beachte bei deren Bögen die typisch spätrömische Mauertechnik (Lagenwechsel von Haustein und Ziegel). In der Mitte, etwa einen Meter tief, ist der *Taufbrunnen*, die Piscina, in den Boden eingelassen. Er war möglicher-

In der Altstadt von Fréjus (Rue Deaugiers)

Fréjus, Baptisterium (5. Jh.) – in der Mitte blieben Reste des Taufbrunnens erhalten

weise einst von einem Ziborium (Baldachin) überwölbt – die Ansatzpunkte der acht Säulen sind jedoch wenig aussagekräftig, da sie auf spätere Rekonstruktionsversuche zurückgehen. Auffallend ist der Höhenunterschied der beiden Türen, die den heutigen Zugang flankieren: Durch die niedrige südliche Tür betrat der Katechumene (Täufling) den Taufraum und verließ ihn dann als Christ durch das größere, auf die Mittelachse der Kirche hin ausgerichtete Portal.

Durch den Vorraum des Baptisteriums gelangt man ins romanische Atrium (12. Jh.), von dort in die Kirche. Dem einschiffigen, typisch provenzalischen Raum (13. Jh.) ist links das Schiff einer zweiten, kleineren **Kirche St-Etienne** angefügt. Das Nebeneinander zweier Gotteshäuser entspricht frühchristlicher Tradition, doch gibt die räumliche Verbindung beider Gebäude noch einige baugeschichtliche Rätsel auf. Die Westteile von St-Etienne (11. Jh.) sind jedenfalls älter als die Kathedrale und unterscheiden sich von deren Architektur durch herbe, kraftvolle Bauglieder.

Von der **Einrichtung** sind vor allem das *Chorgestühl* (1441) hervorzuheben, das *Margarethen-Polyptychon* (1469; über dem Sakristei-Eingang im Schiff der Stephanuskirche) von *Jacobus Durandi* – neben Louis Bréa der Hauptvertreter der Schule von Nizza – und das *Tafelbild* der ›Himmelfahrt‹ (1551), das dank der dargestellten Fréjus-Kulisse eine Vorstellung vom einstigen Aussehen des befestigten Bischofspalastes vermittelt. Reste dieser im 14. Jh. entstandenen Anlage sind noch erhalten. Es lohnt sich, die *Bischofsstadt* (›le groupe épiscopal‹) zu Fuß zu umrunden. Im 19. Jh. wurde im Bischofspalais das *Rathaus* der Stadt untergebracht.

Unbedingt besuchenswert ist im Rahmen der Führung auch der zweigeschossige **Kreuzgang** der Kathedrale mit seinen schlanken Doppelsäulenarkaden (13. Jh.) und der recht ungewöhnlich bemalten Holzdecke, die im 14. Jh. anstelle der ursprünglich vorhandenen Gewölbe angebracht wurde.

Praktische Hinweise

Information: Office Municipal de Tourisme, rue Jean-Jaurès, Tel. 04 94 51 83 83, Fax 04 94 51 00 26, Mo – Sa 9 – 12, 14 – 18, während der Hochsaison auch So 10 – 12, 15 – 18 Uhr).

Restaurant

Le Vieux Four, 57, rue Grisolle, Tel. 04 94 51 56 38. Ein erfreulich zentral gelegenes Restaurant mit rustikalem Charakter und einigen Fremdenzimmern (geschl. 15. 11.–10. 12., außerdem Juli – Sept. So mittags, Mitte Sept.– Juni jedoch Mo).

Fahrt in die Berge – auf den Spuren Napoleons

Szenenwechsel in einer Landschaft der Gegensätze: Die Route Napoléon führt durch das alpine Hinterland der Côte, neuerdings gern Alpes d'Azur genannt. Die Fahrt in die Berge ist ebenso reich an eindrucksvollen Naturschönheiten wie an historischen Reminiszenzen. Sie gipfelt im Erlebnis von Europas großartigster Schlucht, dem ›Grand Canyon‹ der **Gorges du Verdon**. Man erreicht diese tiefen Einschnitte in das Kalkgestein der Seealpen entweder von Norden (Sisteron, Digne-les-Bains, Castellane), von Osten (Cannes, Grasse) oder vom Westen über das Tal der Durance. Aus dem Süden kommt man von Marseille oder Aix über St-Maximin, von Toulon über Brignoles oder von Fréjus über Draguignan. Alle diese Wege führen in die **Haute Provence**, deren vielfältige Schönheiten freilich hier allenfalls andeutungsweise behandelt werden können.

14 Sisteron

Das Tor zwischen Dauphiné und Provence.

Sisteron liegt in einem tief in die Felsen eingeschnittenen Engpass des Durance-Tales in strategisch ausgesprochen exponierter Position. Der Ort wird denn auch von einer mächtigen Festung dominiert, die allerdings im August 1944 bombardiert und schwer beschädigt wurde. Sie enthält mittelalterliche Reste und bietet einen unvergleichlichen Blick über Bergwelt, Tal und Dächer.

Ein Straßentunnel, den man 1957 durch den Felsen gebaut hat, ließ zum Glück die verwinkelte, pittoreske Altstadt mit ihren Bögen und Treppengässchen (›andrônes‹) unversehrt. Römische Reste fand man 1949 bei den Restaurierungsarbeiten, sie können im **Musée du Vieux Sisteron** (Rue de Provence) besichtigt werden. Einen Besuch wert ist auch die ehem. Kathedrale **Notre-Dame-des-Pommiers**, ein typischer Bau der provenzalischen Romanik (12. Jh.) mit skulptierten Kapitellen und Gemälden von Mignard, van Loo und Coypel.

Folgt man der Durance nach Süden, so stößt man bei dem Dorf **Les Mées** auf die imposante *Felsengruppe* Les Pénitents de Mées, die ›Büßer‹. Der Legende nach handelt es sich um Mönche, die der Versuchung durch schöne nackte Mädchen nicht widerstehen konnten und daher in Stein verwandelt wurden…

Die Route Napoléon

Einige der in diesem Kapitel erwähnten Orte liegen an der Route Napoléon, die sich auch unabhängig von einem Besuch der Verdon-Schlucht für eine Fahrt in die Berge (oder natürlich auch umgekehrt: Fahrt aus dem Norden zur Küste) vorzüglich eignet. Die historische Strecke ist weitgehend mit der heutigen N85 identisch.

Napoleon kam gleichsam ›durch die Hintertür‹, als er am 1. März 1815 aus **Elba** *zurückkehrte. Ihm lag daran, die Konfrontation mit der ihm feindlich gesinnten Bevölkerung des Rhônetals zu vermeiden. So ging er denn, nachdem ihm die Bürger von Cannes den Zutritt verweigert hatten, in* **Golfe-Juan** *zwischen Cannes und Antibes an Land. Das Heer brachte die erste Nacht in den Dünen zu und eine zweite auf dem Hügel, dessen Bezeichnung* **Plateau Napoléon** *bis auf den heutigen Tag an jene Zeit erinnert. Napoleon vermied es, sich durch unnötige Streitereien unterwegs aufhalten zu lassen. Grasse wurde umgangen, und über Castellane, Digne und Sisteron marschierte der Kaiser nach* **Grenoble**, *wo man ihn mit dem Ruf »Vive l'Empereur!« begrüßte.*

Markant gefalteter Kalkfelsen: Der Rocher de la Baume überragt die Altstadt von Sisteron

Praktische Hinweise

Information: Office de Tourisme, Hôtel de Ville, place de la République, Tel. 04 92 61 12 03, Fax 04 92 61 19 57.

Hotel

Grand Hôtel du Cours, place Église, Tel. 04 92 61 04 51, Fax 04 92 61 41 73. Nobles Hotel alten Stils, ohne Restaurant (3. 11.–9. 3. geschl.).

Restaurant

Becs Fins, 16, rue Saunerie, Tel. 04 92 61 12 04, Fax 04 92 61 12 04. Traditionsreiches Restaurant mit guter, preiswerter Küche (14.–22. 6., 15. 1.–15. 2., Di abends und Mi geschl. außer Juli/ Aug.).

15 Digne-les-Bains

Viel besuchter, lebhafter Badeort.

Digne-les-Bains ist aufgrund seiner heißen Quellen ein beliebter Badeort. Die frühere Kathedrale **Notre-Dame-du-Bourg** (als Kathedrale dient heute die im 15./16. Jh. erbaute Kirche St-Jérôme) stammt aus dem 13./14. Jh. An ihr wirkte als Kanoniker der Physiker und Mathematiker *Pierre Gassendi* (1592–1655), dessen Naturphilosophie zu den Grundlagen des modernen Weltbilds zählt. Wahrzeichen der Stadt ist die **Grande Fontaine** von 1829. Am Ortsrand (Richtung Nizza) liegt das Haus der 1868 in Paris geborenen, 1969 hochbetagt in Digne verstorbenen Tibetologin *Alexandra David-Néel*, die zu einer Zeit unkonventionelle Forschungsreisen durchführte, als dies – zumal für eine Frau – noch keineswegs möglich zu sein schien. Ihre Sammlungen und Erinnerungsstücke können besichtigt werden (Tel. 04 92 31 32 38).

Praktische Hinweise

Information: Office de Tourisme, Le Rond Point, Tel. 04 92 31 42 73, Fax 04 92 32 27 24.

Hotels

Grand Paris, 19, bd Thiers, Tel. 04 92 31 11 15, Fax 04 92 32 32 82. Sehr komfortables Hotel mit ausgezeichnetem Restaurant in einem ehem. Kloster (1. 12.–29. 2. geschl.).

Les Petit St-Jean, 14, cours Arès, Tel. und Fax 04 92 31 30 04. Unterkunft und Restaurant preiswert und gut (20. 12.–21. 1. geschl.).

Hôtel de Bourgogne, av. de Verdun, Tel. 04 92 31 00 19, Fax 04 92 32 30 59. Angenehme Atmosphäre und hervorragende Küche (15. 12.–15. 1. geschl.).

16 Castellane

An der Route Napoléon gelegener Ausgangspunkt für Touren in die Verdon-Schlucht.

Castellane bietet sich als Standquartier für Wanderungen, Kajak- und Klettertouren im Bereich der Gorges an, die hinter dem Ort beginnen. Die Gegend ist von großartiger Herbheit, das Stadtbild wird bestimmt durch den ›Roc‹, einen gigantischen Kalkfelsen, auf dessen Höhe die kleine Kapelle **Notre-Dame-du-Roc** thront. Von ihr aus hat man eine hinreißende *Aussicht* über das Tal des Verdon. Der Wanderweg, der zur Kapelle hinaufführt, beginnt hinter der Pfarrkirche. Nordwestlich von dieser verdient die romanische Kirche **St-Victor** Beachtung. Mönche des gleichnamigen Mutterklosters in Marseille erbauten sie gegen Ende des 12. Jh., später erfuhr sie mehrere Anbauten und Umgestaltungen. Kassettendecke und Wandverkleidung stammen aus der Renaissance.

Praktische Hinweise

Information: Office de Tourisme, rue Nationale, Tel. 04 92 83 61 14, Fax 04 92 83 76 89.

Hotels

Nouvel Hôtel Commerce, place Église, Tel. 04 92 83 61 00. Zentral gelegenes Hotel mit erfreulichem Restaurant (11. 4.–4. 11. geöffnet).

Ma petite Auberge , av. F.-Mistral, Tel. 04 92 83 62 06. Preiswertes Hotel mit ebensolchem Restaurant und Garten (1. 4. bis Ende Okt. sowie Mi geschl. außer Juli/Aug.).

Camping

Le Verdon, Domaine de la Salao (2 km südwestlich über D 952), mit Schwimmbad, Tel. 04 92 83 61 29, Fax 04 92 83 69 37 (16. 9. – 14. 5. geschl.).

TOP TIPP 17 Gorges du Verdon

Der ›Grand Canyon‹ Europas.

Bis zu 700 m tief hat sich der Fluss in den uralten Kalkstein eingegraben – einst war hier ein Meer, Fossilien verweisen auf 100 Millionen Jahre alte Lebewesen. Der gigantische, nahezu senkrecht in den Fels geschnittene **Graben** erstreckt sich über eine Strecke von 21 km von Rougon bis zum Lac de Ste-Croix; am Grund ist er oft nur wenige Meter breit. Das Gefälle des Flusses, der seinen Wasserstand häufig unberechenbar rasch ändert – nicht nur aus natürlichen Gründen, sondern auch wegen des großen Stausees, der vier Departements mit Wasser versorgt – beträgt 450 m, die umgebenden Berge erreichen Höhen von bis zu 2000 m. Das Land ist schwach besiedelt, der Boden karg, Lavendel und Thymian bestimmen das Bild. Freilich, je nach Saison, auch Unmengen von Touristen, Sportlern, Ausflüglern und – Dieben, die sich über die auf den Parkplätzen stehenden Autos hermachen. Vorsicht ist also geboten, in mehrfacher Hinsicht. Denn auch Wanderungen in der Schlucht sind, je nach Jahreszeit, nicht völlig ungefährlich. Man informiere sich gewissenhaft – die Touristenzentren in Rougon, La Palud und Aiguines geben genaue Auskunft und halten Karten und Informationsmaterial bereit – über Autofahrten und Wanderungen, Klettertouren und Kajakfahrten.

Mit dem Kajak durch die Verdon-Schlucht: stromabwärts in sechs bis acht Stunden (ohne Aussteigemöglichkeiten)

Der Hydrograph und Geologe E. A. Martel erforschte 1905 als erster den Cañon. Mehr als hundertmal soll er bei der Erkundung mit seinem Kanu gekentert sein. Später hat der Touring-Club de France 20 km *Berg- und Schluchtenpfade* angelegt, einige davon völlig gefahrlos, andere verbunden mit Kletterpartien über Eisenleitern und durch Tunnel, auch mit Abschnitten, die nur schwimmend passiert werden können.

Fürs erste empfiehlt sich eine **Autorundfahrt**, etwa über die Corniche Sublime des Südufers (D 19/D 71) bis zur Mescla, der Einmündung des Nebenflusses Artuby. Die Straße zweigt dann nach Osten ab, man kann aber von hier über Pont de Soleils in großem Bogen Rougon und das Nordufer mit dem Point Sublime erreichen. Von dort führt die Route de Crêtes (Kammstraße) mit vielen Aussichts- und Haltepunkten, auch Abzweigungen für Wanderwege, zum Lac de Ste-Croix zurück und zu dem außerordentlich reizvollen Ort Moustiers-Ste-Marie [Nr. 18].

Praktische Hinweise

Fahrradverleih

La Palud, Roger Maquigny, Tel. 04 92 77 30 94. Mountainbikes.

Hotels

in La Palud

Auberge des Crêtes, Tel. 04 92 77 38 47, Fax 04 92 77 30 40. Einfaches, kleines, aber empfehlenswertes Haus in schöner Lage.

in Comps-sur-Artuby

Grand Hôtel Bain, Tel. 04 94 76 90 06, Fax 04 94 76 92 24. Nicht so groß, wie der Name vermuten lässt, einfach, mit guter ländlicher Küche.

in Rougon

Auberge du Point Sublime, Tel. und Fax 04 92 83 60 35. Wunderschön gelegen und preiswert, bodenständige Küche (1. 11. – 31. 3. geschl.).

Camping

u. a. **St-Laurent-du-Verdon** (über D 11) *Camping La Farigoulette*, Tel. 04 92 74 41 62.

◁ *Ein Naturphänomen aus dem Quartär: Wegen der Erhebung der Alpen musste sich der Verdon einen neuen Weg suchen – die Erosionsleistung war gewaltig*

Mönche von der Île St-Honorat siedelten hier schon im 5. Jh.: Moustiers-Ste-Marie mit der Gebirgskette der Seealpen

18 Moustiers-Ste-Marie

Seit dem 16. Jh. ein Zentrum der Fayence-Produktion.

Der Aufschwung der aus der italienischen Stadt Faenza eingeführten Keramikproduktion begann, als Ludwig XIV. 1672 im ganzen Land anordnete, zur Sanierung der Staatsfinanzen das Gold- und Silbergeschirr abzuliefern. Das **Musée de Faïences** (1.4.–31.10. tgl. außer Di 9–12, 14 –18, Juli/Aug. – 19 Uhr) zeigt gute Beispiele dieses hier gefertigten Ersatzgeschirrs, der Fayencen (17. und 18. Jh.).

Bemerkenswert sind ferner die romanisch-gotische Pfarrkirche **Notre-Dame** und die gleichaltrige Kapelle **Notre-Dame-de-Beauvoir**, von der man, wie der Name andeutet, einen wunderbaren Blick über den Ort und das Tal hat. Auch die geschnitzte Renaissancetür der Kapelle ist sehenswert. Wahrzeichen von Moustiers aber ist die **Eisenkette** mit goldenem Stern, die hoch über dem Ort zwischen zwei Felsen angebracht wurde: Sie dient als Erinnerung an die Silberkette, die einst ein Ritter zum Dank für seine Rückkehr aus langer arabischer Gefangenschaft gestiftet hatte.

Praktische Hinweise

Information: Syndicat d'Initiative Tel. 04 92 74 67 84, Fax 04 92 74 60 65.

Hotels

Le Colombier, quartier St-Michel, Tel. 04 92 74 66 02, Fax 04 92 74 66 70. Schön gelegenes Hotel mit Aussicht, ohne Restaurant (15.12.–15.2. geschl.).

Le Belvédère, Tel. 04 92 74 66 04. Preiswertes Hotel mit wunderschöner Aussichtsterrasse (Dez. und Jan. geschl.).

Restaurant

Les Santons, place Église, Tel. 04 92 74 66 48. Kleines Restaurant der Spitzenklasse; vorbestellen! (1.12.–1.2. sowie Di und außerhalb der Saison Mo abends geschl.).

Camping

Le Vieux Colombier, am südl. Ortsrand, Tel. 04 92 74 61 89, Fax 04 92 74 66 44 (Okt.–März geschl.).

Vom Esterel zu den Alpes Maritimes – Jetset, Trubel und viel Kunst

Mönche, Sonnenanbeter und Künstler, Stars, Intellektuelle, Hochstapler und Fürsten, Spekulanten, Millionäre und solche, die es werden wollen, geben sich zwischen Cannes und Nizza ein buntes Stelldichein. Hier kulminieren landschaftliche Schönheit und touristische Überflutung, hier konzentrieren sich auch die Höhepunkte künstlerischer Aktivität. Cannes ist mit über 70 000 Einwohnern die Metropole dieser Urlaubsregion. Im Sommer vervielfacht sich die Zahl der anwesenden Menschen, der Tourismus bestimmt das Bild, es gibt allein 3000 Liegeplätze für Jachten, zahlreiche künstlich aufgeschüttete Strände und mittlerweile mehr als 10 000 Hotelzimmer.

19 Cannes

Inbegriff alles Mondänen.

Wir folgen den Windungen der Küstenstraße, der Corniche de l'Esterel. Cannes liegt traumhaft schön am **Golfe de la Napoule** oder, besser gesagt, genau zwischen diesem und dem Golfe Juan.

Keimzelle des Ortes war das Fischerdorf *Portus Canis*, möglicherweise so benannt nach dem Schilf (cannae), das rundum reichlich gedeiht. Die Anhöhe über dem Hafen, **La Castre** oder Mont Chevalier (auch: Le Suquet), war schon in ligurischer Zeit befestigt. Die Römer nutzten den Platz (als militärischen Stützpunkt: Castrum Marsellinum) ebenso wie die Mönche der vorgelagerten Inseln. Heute gibt es an diesem Ort freilich nur noch einige Mauerreste und den mittelalterlichen Wachtturm, die **Tour de Suquet** (14. Jh.) zu sehen, die *Wallfahrts-*

Nonplusultra an Eleganz: die Croisette mit ihren Bäumen, Luxushotels und Residenzen

kirche **Notre-Dame-de-l'Espérance** aus dem 17. Jh. und das **Musée de la Castre** (1.5.–30.6. tgl 10–12, 14–18 Uhr, 1.7.–30.9. tgl. 10–12, 15–19 Uhr, 1.10.–30.4. tgl. 10–12, 14–17 Uhr, Tel. 04 93 38 55 26). Es beherbergt zwei bedeutende Sammlungen, die der holländische Baron Lycklama 1873 der Stadt überließ: Die eine umfasst Altertümer des östlichen Mittelmeerraums, die zweite archäologische und völkerkundliche Kostbarkeiten aus Ägypten, Persien, Indien, China, Polynesien und dem präkolumbischen Lateinamerika.

Die ›Entdeckung‹ von Cannes geht auf den vormaligen britischen Schatzkanzler *Lord Brougham* zurück, der 1834 mit seiner kränkelnden Tochter zur Kur nach dem damals noch sardischen Nizza unterwegs war. Da in Frankreich gerade die Cholera ausgebrochen war, ließ man die beiden nicht über die Grenze. Sie quartierten sich im einzigen Hotel des Ortes ein und waren begeistert. Der Lord baute sich eine Villa, der Ruf von der Schönheit der Gegend verbreitete sich rasch und zog Gleichgesinnte, wohlhabende Aristokraten vor allem, hierher.

Die Veränderung vollzog sich rapide: Ein Jachthafen (1840) wurde gebaut, 1860 fand hier die erste große Segelregatta statt, 1863 nahm die Erschließung der Region mit dem – damals nicht unumstrittenen – Bau der Eisenbahn ihren Fortgang. Die Strecke von Genua bis Fréjus gehört auch heute noch zu den landschaftlich reizvollsten Bahnstrecken Europas. 1870 gab es in Cannes bereits 35 Hotels und 200 Villen – es war zum bevorzugten Winterkurort des europäischen Hochadels geworden.

Noch immer ist der Kontrast außerordentlich, der zwischen der am Hang von Le Suquet eng verschachtelten, typisch ligurischen **Altstadt** und der mondänen Neustadt besteht, die sich entlang dem Golfe de la Napoule erstreckt. Zwischen dem Hügel und der Landzunge mit dem 1982 erbauten **Palais des Festivals** befindet sich, gleichsam als Stadtmitte, der **Hafen** von Cannes. Vom Palais aus, das verschiedensten Kongressen und Veranstaltungen als Veranstaltungsort dient, insbesondere natürlich den seit 1946 alljährlich im Mai stattfindenden Filmfestspielen, führt der **Boulevard de la Croisette**, Cannes' unvergleichliche, palmenbestandene Strandpromenade, zur **Halbinsel La Croisette**, jenseits derer die Bucht St-Juan beginnt. Hier, im nobels-

Glanz und Glamour – die Filmfestspiele

Zwölf Tage lang im Mai kulminiert jedes Jahr auf der **Croisette**, *der mondänen Strandpromenade von Cannes, jener glamouröse Jetset-Zirkus, der diese Stadt ohnehin ständig in Atem hält. Dann nämlich trifft sich hier alles, was in der Filmwelt Rang und Namen hat oder einen solchen sich zu verschaffen trachtet: Schauspieler und Produzenten, Regisseure und Kritiker, Magnaten und Mäzene, Autoren und Autogrammjäger, Verleiher und Verleger, Stars und Starlets, Millionäre und Models – samt dem Heer der sie auf Schritt und Tritt begleitenden Paparazzi mit ihren Blitzlichtgewittern.*

Die Show ist knallhartes Business – sie gilt dem **Wettbewerb** *der Filme. An die 300 werden jeweils in diesen Tagen gezeigt und bewertet, harte Arbeit für die aus aller Welt angereisten Juroren. Doch der Verdacht, dass es bei solchem Rummel weniger um Kunst geht als ums Geschäft, um Einspiel- (und Einschalt-)Quoten, ist nicht von der Hand zu weisen. Schließlich ist die begehrte* **Goldene Palme** *bares Geld wert. Der Preis wird im 1982 erbauten* **Palais des Festivals** *verliehen, einem unübersehbar scheußlichen Betonklotz, der im Volksmund treffend ›der Bunker‹ genannt wird.*

Anfänglich in zweijährigem Rhythmus geplant, ab 1950 dann alljährlich durchgeführt, hatten die Festspiele von Cannes gegenüber der italienischen Konkurrenz, dem Film Fest von Venedig, lange keinen leichten Stand. Sie waren 1939 als Gegenveranstaltung zur damals ganz unter faschistischem Einfluss stehenden venezianischen Veranstaltung ins Leben gerufen worden. Doch dann kam der Krieg, und erst 1946 wagte man einen neuen Anlauf. In den 50er-Jahren endlich gewannen die Filmfestspiele von Cannes internationale Bedeutung – dank der Beteiligung von Gina Lollobrigida, Sophia Loren, Gary Cooper, Cary Grant, Orson Welles, Brigitte Bardot und anderen Weltstars.

ten Villenviertel der Stadt, ließ sich 1955 der große *Pablo Picasso* nieder, nachdem er 1933 Cannes zunächst fluchtartig wieder verlassen hatte: Er scheute den Trubel, der seit seinem ersten Aufenthalt 1927 mächtig zugenommen hatte. Im Winter 1929 hatte Picasso übrigens in den Pariser Werkstätten der Brüder Gonzales eine Reihe von Eisenskulpturen geschaffen, die zur Aufstellung auf dem Boulevard de la Croisette vorgesehen waren. Leider kam es dazu dann nicht.

Vom alten Hafen aus sind es nur wenige Minuten Fahrt in eine andere Welt. Die Schiffe zu den nahen Îles de Lérins [Nr. 20] verkehren mehrmals täglich.

In **Le Cannet**, das heute ein Stadtteil von Cannes ist, wohnte *Auguste Renoir*, bevor er sich 1903 in Haut-de-Cagnes [s. S. 87] niederließ. Hier starb 1947 der Maler *Pierre Bonnard* (geb. 1867), nachdem er jahrzehntelang still und zurückgezogen in Le Cannet gelebt hatte. Unspektakulär wie sein Leben ist sein gleichwohl hochsensibles, poetisches Werk. Er gehört nicht zu den populären ›Top Ten‹ der klassischen Moderne, und doch ist es keinem wie ihm gelungen, die Ernte des Impressionismus einzubringen und dessen revolutionäre Gedanken einerseits mit der Tradition, andererseits mit den Ideen einer jüngeren Generation (Nabis, Jugendstil) zu versöhnen.

Praktische Hinweise

Information: Office de Tourisme, Palais des Festivals, Esplanade Georges-Pompidou, Tel. 04 93 39 24 53, Fax 04 93 99 88 23; am Bahnhof Tel. 04 93 99 19 77, Fax 04 93 39 40 19.

Hotels

In Cannes ist es durchaus kein Problem, für ein Doppelzimmer im Hotel mehr als 1000 DM pro Nacht auszugeben. Moderater im Preis, zentral gelegen und im Ganzen nicht schlecht sind u. a. folgende Hotels, alle drei ohne Restaurant:

Chanteclair, 12, rue Forville, Tel. und Fax 04 93 39 67 88.

Cheval Blanc, 3, rue Maupassant, Tel. 04 93 39 88 60, Fax 0 49 33 80 50.

Florian, 8, rue Cdt. André, Tel. 04 93 39 24 82, Fax 04 92 99 18 30 (1. 11.–15. 1. geschl.).

Restaurants

Was das Essen betrifft, so ist Cannes ein Dorado der Kochkunst, die allerdings oft auch ihren Preis hat! In und um Cannes gibt es eine ganze Reihe von Restaurants mit einem und mehr Michelin-Sternen.

Nachstehend zwei subjektive Empfehlungen, die jedoch nicht entmutigen sollen, zwischen Sternen und Fritten auf eigene

Cannes' mondäne Seite: Sorgfältig vorbereitete und farblich fein abgestimmte hoteleigene Strände …

... und noble Hotels (hier: das ›Carlton‹)

Faust nach einfacher, guter und preiswerter Küche (z. B. Le Bouchon, s. u.) zu fahnden.

La Belle Otéro, im Hotel Carlton, 58, La Croisette, Tel. 04 93 68 00 33, Fax 04 93 39 09 06. Der zweite ›doppelt besternte‹ Feinschmecker-Treff, in der 7. Etage des legendären Carlton-Hotels, hoch über allen kulinarischen Niederungen. (8. 6.–7. 7. und 2.–17. 11. sowie So/Mo geschl. außer Juli/Aug.).

Le Palme d'Or, Hôtel Martinez, 73, La Croisette, Tel. 04 92 98 74 14, Fax 04 93 39 67 82. Gourmet-Tempel mit prachtvoller Aussicht (Mitte Nov. bis Mitte Jan. sowie Mo und Di zwischen 12. 5. und 13. 9. geschl., jedoch Di abends geöffnet.).

Le Bouchon, 10, rue de Constantine, Tel. 04 93 92 26 55, (Mo geschl.).

20 Îles de Lérins

Wiege des Mönchtums.

Der Name der Inseln leitet sich ab von *Lero*, einer Göttergestalt der keltoligurischen Oxybier. Lero scheint eine lokale Variante des griechischen Herakles gewesen zu sein; interessant ist, dass der christliche Heros der Lerinischen Inseln, der *hl. Honoratus*, auffallend ähnliche Taten vollbrachte wie sein heidnisches Vorbild: So befreite er die Insel, auf der er sich niederließ, von Schlangen und Skorpionen – für den mittelalterlichen Menschen die Inkarnation des Bösen –, ganz ähnlich, wie dies Herakles in Lerna getan hatte. Einige Forscher verweisen denn auch auf die Wortverwandtschaft von Lero und Lerna.

Der hl. Honoratus entdeckte eine Quelle und machte so die Insel erst bewohnbar. In seiner Biografie konzentriert sich exemplarisch, was für das Wirken der Mönche generell gilt: Sie waren es, die nach dem Niedergang der Antike das Land kultivierten und die Grundlagen dessen schufen, was unter ›christlichem Abendland‹ zu verstehen ist.

Vor den Îles de Lérins hat der Tourismus Halt gemacht. Es gibt Felsen und Sandstrände, Kiefern- und Eukalyptuswälder und sogar einen Süßwassersee, eine reiche Flora und Fauna, aber keine Hotels, keine Autos, keine Ferienhäuser.

Die größere der beiden Inseln, die **Île Ste-Marguerite** (3 km u 900 m), benannt nach einer Schwester des hl. Honoratus, ist unbewohnt und fast völlig bewaldet. Strategische Bedeutung erlangte sie 1635 – 37 in den spanisch-französischen Auseinandersetzungen. Das *Fort Royal* an der Cannes zugewandten Seite wurde unter Richelieu und später Vauban verstärkt: Es diente lange Zeit als Staatsgefängnis – im 17. Jh. wurde hier der mys-

›Vater‹ gestrenger Regeln – der hl. Honoratus

Er stammte aus vornehmer Familie. Sein Vater scheint ein hoher Verwaltungsbeamter gewesen zu sein. Honoratus wurde um 360 in Trier, der damaligen Hauptstadt des weströmischen Reiches, geboren. Nach seinem Entschluss, Christ zu werden, machte er sich mit seinem Lehrer Caprasius und seinem Bruder Venantius nach Syrien und Ägypten auf, um dort, an den Blütestätten des orientalischen Mönchtums, dem Beispiel von Tausenden zu folgen, die als **Asketen** *in die Wüste gegangen waren.*

Die egozentrische, exzessive Gottvereinigung der orientalischen Eremiten überzeugte jedoch den modernen West-Menschen Honoratus nicht. Er kehrte mit seinen Gefährten nach Europa zurück; in **Fréjus** *überredete ihn der Bischof Leontius, in der Provence zu bleiben – in Trier hatten sich mittlerweile durch die Einfälle der Germanen die Zustände geändert, während die Provence vergleichsweise ruhig geblieben war.*

So zogen sich denn die drei Gefährten in die ›Wüste‹ der unbewohnten **Îles de Lérins** *zurück, wohin ihnen jedoch bald Gleichgesinnte folgten. Eine* **Regel** *musste geschrieben werden, um das gemeinsame Leben zu organisieren. Lange vor Benedikt von Nursia (um 480–547) wurden damit bereits Anfang des 5. Jh. die Grundzüge des abendländischen Mönchtums fixiert: Man lebte zwar einzeln und in verstreut liegenden Behausungen, verbindlich wurden aber damals schon die Prinzipien der Klausur (Abschluss nach außen), einer für alle gültigen Disziplin, des gemeinsamen Gottesdienstes und Gebets sowie der Einführung einer Arbeitspflicht.*

teriöse ›Mann mit der eisernen Maske‹, Frankreichs Staatsgefangener Nummer eins, gefangen gehalten. Seine Identität wurde nie geklärt: Manche sind davon überzeugt, es habe sich hier um einen Zwillingsbruder Ludwigs XIV. gehandelt, wie dies der in Aubagne geborene Schriftsteller Marcel Pagnol (1895–1974) in einer ebenso spannenden wie akribischen Abhandlung nachzuweisen versuchte (›Die eiserne Maske‹, 1966). Heute beherbergt die Festung ein **Meeresmuseum** (Musée de la Mer, tgl. außer Di und Fei 10–12.15, 14–16.30 Uhr).

Die kleinere **Île St-Honorat** gilt als eine der Wiegen des abendländischen Mönchtums. Hier erbaute Anfang des 5. Jh. der hl. Honoratus ein *Kloster*, das sich zu einem der bedeutendsten und mächtigsten in ganz Europa entwickeln sollte, einem Zentrum der Wissenschaft, der Religiosität und Kultur. Bischöfe, Missionare und Heilige zogen von hier aus in alle Welt, unter ihnen Cassian, der Gründer von St-Victor in Marseille (gest. 450) und Patrick, der Apostel Irlands. Pilgerscharen kamen von weit her, ein begehrter Ablass wurde allen gewährt, die die Insel besuchten. Im 8. Jh. zählte dieser ›provenzalische Berg Athos‹ fast 8000 Mönche und besaß über hundert Herrschaften und Priorate auf dem Festland – auch Cannes gehörte dem Kloster. Ab 660 wurde im Kloster St-Honorat die Regel des hl. Benedikt eingeführt, nicht ohne Widerstand, seit 1869 leben dort Zisterzienser aus Sénanque.

Von den **historischen Gebäuden**, die in der Revolution zerstört worden waren, ist nicht viel übrig geblieben. Immerhin geht das Mauerwerk des *Kreuzgangs* noch auf das 7. Jh. zurück, das *Gewölbe*

Zweistöckiger Arkadenhof im Monastère fortifié von St-Honorat

Heute von Zisterziensern aus Sénanque bewohnt: das Kloster auf der Insel St-Honorat

stammt aus dem 11. Jh., der *Kapitelsaal* aus dem 13. Jh., die *Kirche* wurde im 19. Jh. im romanischen Stil neu errichtet.

TOP TIPP Ein geräumiger Wach- und Festungsturm, der **Monastère fortifié**, in den man ursprünglich nur mit einer Leiter gelangen konnte, die man anschließend einzog, wurde um 1073 von Abt Adalbert begonnen und im 12./13. Jh. zu einer imponierenden Festung ausgebaut. Er diente – mit seinem kreuzgangartig von Arkaden umgebenen, mehrgeschossigen Innenhof und einer Zisterne – den Mönchen als sichere Zuflucht bei den häufigen Sarazenenüberfällen.

Im Kloster ist ein kleines **Museum** eingerichtet; von den ehemals sieben auf der Insel befindlichen Kirchen sind heute nur noch zwei erhalten: **St-Sauveur** auf der Westseite (achtseitiger Zentralbau, vielleicht ursprünglich ein Baptisterium, 8./11. Jh.), und die **Chapelle de la Trinité** am anderen Ende der Insel (Dreikonchenchor mit kurzem Langhaus, aus derselben Zeit).

Praktische Hinweise

Schiff

Abfahrt nach St-Honorat und Ste-Marguerite von **Cannes**, Gare maritime des Îles, Tel. 04 93 39 11 82, sowie von **Golfe-Juan**, Tel. 04 93 63 45 94, Fax 04 93 63 74 27 und **Juan-les-Pins,** Tel. 04 92 93 02 36.

Restaurant

Chez Frédéric, Île St-Honorat, Tel. 04 93 48 66 88, Restaurant und Brasserie/ Bar mit großer, schattiger Gartenterrasse, Spezialität: Meeresfrüchte. (Nur Mittagessen, während der Saison bis 15.30 Uhr).

21 Grasse

Die Stadt der kostbaren Essenzen, auf den Spuren von Rubens, Fragonard, Renoir, Bonnard, Picasso und Patrick Süßkind.

Am Kreuzpunkt mehrerer, zum Teil landschaftlich außerordentlich reizvoller Straßen (Aussicht!) liegt im bergigen Hinterland von Cannes, 333 m hoch, die **Parfum-Stadt** Grasse. Ob sie wirklich, wie der Name vermuten lässt, von Cäsars zeitweiligem Mitstreiter Crassus gegründet wurde, sei dahingestellt. Verlässliche Belege für ihre Existenz gibt es jedenfalls erst seit dem Mittelalter. Wegen seines vorzüglichen Klimas war Grasse, längst bevor die Schönheit der Küste entdeckt wurde, ein beliebter, ärztlich empfohlener Winterkurort. Zu den Prominenten, die sich hier aufhielten, gehörten Napoleons Schwester Paulina Borghese (1807/08) und Königin Viktoria (1891).

Auf dem Weg nach Grasse

Die Strecke von Cannes, flussaufwärts dem Tal der Siagne folgend, führt über zwei uralte ligurische Bergnester, deren Namen mehrfach ins Buch der neueren Kunstgeschichte eingeschrieben sind: Le Cannet [s. S. 64] und Mougins.

In **Mougins** verbrachte Picasso, bis an sein Ende auf der Höhe seiner Schaffenskraft, die letzten Jahre seines Lebens. Zuvor war er von einem Ort zum anderen gezogen, bis er schließlich etwas außerhalb von Mougins, in der Mas Notre-Dame-de-Vie (Mas = ländlicher provenzalischer Haustypus), Ruhe vor dem Rummel fand, der sich in den Küstenorten zunehmend – und mehr und mehr auch um ihn selbst – entwickelte.

Ebenso wie Biot, Vence oder St-Paul ist Mougins ein typisches Beispiel für ein **Village perché**, d. h. ein nach ligurischer Art dicht und eng auf der Höhe eines schwer einnehmbaren Hügels erbautes Gemeinwesen. Dicht türmen sich Straßen und Gassen übereinander, das Ganze, stark befestigt, gipfelt in Burg und Turmanlage. Die Römer zerstörten solche ligurischen Siedlungen und ließen sich in der Ebene nieder. Später, in Zeiten der Bedrohung durch Barbaren und Sarazenen, wurden die alten Bergnester wieder bezogen bzw. neu bebaut. In den Jahren des Tourismusbooms mehr und mehr verlassen, gewinnen sie heute erneut an Attraktivität: Künstler und Touristen nehmen sich der leer stehenden und verwahrlosten Häuser an.

Mougins kann als *Paradies der Köche* und ihrer Kunden gelten. Gleich 5 (!) mit Michelin-Sternen ausgezeichnete Restaurants hatte der kleine Ort bis vor kurzem aufzuweisen, einige Lokale haben neuerdings ihren Stern verloren, sind aber noch immer einen Besuch wert [Adressen s. S. 71 f.].

Die Stadt der Düfte

Die Route Napoléon [s. S. 57] vereint sich hier mit der Via Aurelia und verbindet so Grasse mit Italien einerseits sowie Lyon und Paris andererseits. Gerade das letztere war für die Stadt von existentieller Wichtigkeit, denn die **wohlriechenden Essenzen**, die man hier aus Tausenden von Tonnen duftender Blüten herstellte, wurden nicht in Grasse, sondern in der Hauptstadt Paris zu den besten und teuersten Parfums der Welt verarbeitet. Wie man das macht, ist spannend nachzulesen bei Patrick Süßkind …

Grasse ist also nicht eigentlich die Stadt der Parfums, sondern die der Essenzen. Die hohen Preise werden verständlich, wenn man bedenkt, dass etwa 1200 Rosenknospen ein Kilo wiegen, jedoch 750 Kilogramm davon gebraucht werden, um ein Kilo Essenz (Neroliöl) herzustellen. Aber es werden keineswegs nur die betörend duftenden Blüten der Côte verwendet, Mimosen, Rosen, Orangen, Jasmin, sondern auch tierische Stoffe wie Ambra, Zibet und Moschus sowie allerlei exotisches Gewürz wie Ingwer, Anis und Sandelholz.

Feine Nase gefragt: Rund 400 Essenzen hat der ›Maître-Parfumeur‹ vor sich

Grasse – Mekka der Düfte im bergigen Hinterland von Cannes

Keineswegs alle Blumen der Riviera landen jedoch in den Töpfen der Destillateure. Denn fast ebenso einträglich wie die Essenzproduktion ist der **Schnittblumenexport**: Zum Landschaftsbild der Küste gehören, bis weit nach Italien hinein, die reflektierenden Glasflächen der Gewächshäuser. Und man sollte mindestens einmal im Januar oder Februar an der Côte d'Azur gewesen sein, wenn die Rosen blühen und ganze Hänge, weite Gebirgszüge, gelb sind vom Blütenzauber der Mimosen.

1956 gab es einen empfindlichen Rückschlag: Ungewöhnlich scharfe Fröste vernichteten große Teile der empfindlichen Mimosen- und Ölbaumkulturen. Zwar wurde wieder aufgeforstet, aber manchen Landbesitzern erschien es, angesichts des langsamen Wachstums beider Baumarten, doch gewinnbringender, das Gelände als Bauland zu verkaufen.

Zurück zum Rechenexempel: 900 000 Rosenknospen sind also nötig, um ein einziges Kilo Neroliöl herzustellen, das dann allerdings für 400–500 Flaschen Parfum reicht. Das heißt: Der Duft von 1800 Rosenknospen ist in einer Flasche Parfum konzentriert. Kein Wunder, dass Neroli doppelt so teuer ist wie Gold …

Interessant ist, dass ursprünglich Reichtum und Bedeutung von Grasse nicht auf der Parfumindustrie beruhten, sondern auf der Herstellung von **Lederwaren**, und interessanter noch, dass das eine mit dem anderen zu tun hat. Als im 16. Jh. am spanischen Hof und bei den Medici parfümierte Handschuhe Mode wurden, entwickelte sich ein neues Gewerbe. Die Lederherstellung ist Vergangenheit, die Parfumproduktion jedoch geblieben. Sie ist auch heute noch, vielleicht mehr denn je, ein Wirtschaftsfaktor von Rang. Der Jahresumsatz hatte sich in den 60er-Jahren des 20. Jh. von 200 auf 340 Mio. Francs fast verdoppelt. Im Jahr 1974 z. B. wurden 169 t Jasminblüten, 350 t Rosen, 250 t Veilchen und ebenso viel Orangenblüten verarbeitet, gegenwärtig sind rund 2000 Menschen in Grasse in der Parfumindustrie tätig. Was die Orangenblüten betrifft: Manche dürfen sich auch zur Frucht weiterentwickeln. Es gibt in Grasse auch eine Marmeladenindustrie.

Viele Orte der Côte sind so schön, was ihr landschaftliches Umfeld und auch ihr urbanes Gepräge betrifft, die dichte, skulpturale Fügung und Schachtelung der Häuser und Gassen –, dass es keiner besonderen Sehenswürdigkeit bedarf, sie besuchenswert zu machen. Dennoch sind auch in Grasse ein paar Einzelheiten erwähnenswert.

Fragonard – der Meister erotischer Bilder

Jean-Honoré Fragonard (1732–1806) wurde in Grasse als Sohn eines nicht sehr betuchten Parfumherstellers geboren. Nach einer glänzenden Karriere als **französischer Hofmaler** *zog er sich wieder in seine Heimatstadt zurück, nachdem er durch die Französische Revolution seine adligen Auftraggeber verloren hatte. In Grasse nahm man ihn ehrenvoll auf und gab ihm auch Aufträge – unter anderem hat er im Treppenhaus der Villa, die nun als Musée Fragonard dient, Grisaillemalereien zu patriotischen Motiven und solchen, die mit der Freimaurerei zu tun haben, ausgeführt. Denn der* **Parfumfabrikant Maubert**, *ein Cousin und Jugendfreund des Künstlers, der in den 80er-Jahren des 18. Jh. die von Madame Rogon erbaute Villa erwarb und neu ausgestalten ließ, war ein engagierter Freimaurer.*

Er war es auch, der 1791 die kostbare Bildserie zum Thema ›Fortschreiten der Liebe im Herzen einer jungen Frau‹ erstand, die der große Erotiker 1771 und 1773 im Auftrag der **Madame Du Barry**, *der Maitresse Ludwigs XV., gemalt hatte. Die Bilder waren für den Spielsalon im Pavillon von Louveciennes bei Paris bestimmt gewesen, doch hatte die Auftraggeberin es schließlich abgelehnt, sie dort aufzuhängen – vielleicht wegen ihres allzu persönlichen und intimen Charakters. Bei seiner Flucht nach Grasse nahm der Künstler die Bilder mit. Sie hingen bis 1898 in der ›Villa Fragonard‹, dann wurden sie verkauft, allerdings zuvor von dem Lyoner Maler Labrelie geschickt kopiert. Der Betrachter in Grasse muss sich heute also mit Kopien begnügen – die Originale bilden inzwischen eine der Hauptattraktionen der New Yorker Frick Collection.*

Trotz dieses Verlustes bietet das Museum anhand zahlreicher anderer bedeutender Originale einen Einblick in das Schaffen dieses nach und neben seinem Lehrer François Boucher (1703–1770) vielleicht bedeutendsten Malers des 18. Jh. in Frankreich.

Da ist, am westlichen Stadtrand, der **Cours Cresp**, eine riesige Terrasse (mit Parkplatz), von der aus sich ein unvergleichlicher Ausblick aufs Meer eröffnet. Dort lohnt das **Musée international de la Parfumerie** (8, place du Cours Honoré Cresp; 1.6.–31.10. Mi–Mo 10–19, 1.12.–30.5. Mi–Mo 10–12.30, 14–17.30 Uhr, Fei und Nov. geschl., Tel. 04 93 36 80 20) unbedingt einen Besuch. In unmittelbarer Nähe befindet sich das 1773 von der Schwester des Grafen Mirabeau erbaute *Hôtel de Cabris*, in dem das **Musée d'Art et d'Histoire de Provence** untergebracht ist, sowie das **Musée Fragonard** (23, bd Fragonard; 1.6.–31.10. Mi–Mo 10–19, 1.12.–30.5. Mi–Mo 10–12.30, 14 –17.30 Uhr, Fei und Nov. geschl., Tel. 04 93 36 01 61), das man hier 1975 für den bedeutendsten Sohn der Stadt, den Maler *Jean-Honoré Fragonard* in einer Villa des 17. Jh. eingerichtet hat.

Der Weg ins Stadtzentrum und zur Kathedrale führt an etlichen schönen Palais vorbei, u.a. am *Hôtel Court de Fontmichel* aus dem Jahr 1690 (18, rue Amiral de Grasse), mit Bildern, die im Hause Goethes angefertigt worden sein sollen.

Die **Cathédrale Notre-Dame-du-Puy**, erbaut vom Bischof von Antibes, ganz im Süden der Stadt auf felsiger Höhe

Ein Denkmal für den größten Sohn der Stadt, Jean-Honoré Fragonard

(›Puy‹), entstand im späten 12. Jh. am Ort einer noch aus dem 10. Jh. stammenden Festung. Von dieser Zeit ist nur der quadratische Turm erhalten geblieben, der heute, ursprünglich doppelt so hoch, einen Teil des angrenzenden Rathauses (ehem. bischöfliches Palais) bildet. Die Kathedrale selbst zeigt noch den Festungscharakter ihres Vorgängerbaus, allerdings ist ihr ursprüngliches Aussehen heute stark verändert durch Umbauten und Erweiterungen des 17. und 18. Jh. (u. a. neue Choranlage 1689, Krypta und Hauptportal 18. Jh.). Die Fassade variiert mit ihren Arkadenreihen einen oberitalienischen Typus.

Im dreischiffigen, archaisch wirkenden **Innenraum** fallen mächtige Rundpfeiler auf, kräftige Kreuzrippen im Hauptschiff, Kreuzgratgewölbe in den Seitenschiffen. Die Sprache der Architektur ist spartanisch, doch nicht ohne elementare Ausdruckskraft. Auffällig sind die steilen Proportionen.

Von der **Ausstattung** sind das *Chorgestühl* beachtenswert (aus der Dominikanerkirche, 18. Jh.), der *Orgelprospekt* (1855) sowie einige wertvolle *Gemälde*: Eine Altartafel im Chor rechts, den hl. Honoratus mit sechs Heiligen darstellend, wird *Louis Bréa* (um 1443–1520) zugeschrieben, dem Hauptmeister der Schule von Nizza [s. S. 36], in der Sakramentskapelle hängt eine ›Fußwaschung‹ von *Fragonard*, ein 1755 in Auftrag gegebenes Jugendwerk des Künstlers, außerdem gibt es im rechten Seitenschiff frühe Arbeiten von *Rubens*. Die beiden Gemälde, ›Dornenkrönung‹ und ›Kreuzigung‹, waren 1602 für die Kirche Santa Croce in Gerusalemme in Rom gemalt, nach ihrer Fertigstellung dort aber abgelehnt worden. Die dazwischen platzierte ›Kreuzauffindung durch die hl. Helena‹ wird *Johan van Noord* zugeschrieben. 1972 wurden diese drei Bilder aus dem Hospital von Grasse in die Kathedrale gebracht und damit einem größeren Publikum zugänglich gemacht.

Nördlich des **Hôtel de Ville**, in dem noch die romanischen Strukturen des alten Bischofspalastes (Giebelskulpturen) erkennbar sind – die ehem. Kapelle ist heute Standesamt –, beginnt die orientalisch anmutende, kühle, laute und lebendige Altstadt, die **Kashbah**, von Grasse mit ihren Märkten und Geschäften, Werkstätten und Bars. Ihr Zentrum ist die **Place aux Aires**, ein lang gestreckter, trapezförmiger Platz mit Arkadengängen, Bäumen und Blumenständen. Die noblen Häuser gehörten den reichen Gerbern, auf den Freiflächen zwischen den Gebäuden wurde damals Getreide gedroschen (Aires = Ähren).

Auf der Place aux Aires in Grasse

Praktische Hinweise

Information: Office de Tourisme, 22, cours H. Cresp, Tel. 04 93 36 66 66, Fax 04 93 36 86 36.

Hotels

Les Palmiers, 17, bd Beaudouin, Tel. 04 93 36 07 24. Einfaches kleines Hotel, ruhig, nicht weit vom Zentrum.

Hôtel de Parfums, bd E.-Charabot, Tel. 04 92 42 35 35, Fax 04 93 36 35 48. Komfortables Hotel mit schönen Zimmern, Garten, Schwimmbad und gutem Restaurant. Blick auf die Altstadt.

Restaurants

Brasserie de la Méditeranée, place de la Mairie, Mougins, Tel. 04 93 90 03 47, mit Gartenterrasse (im Feb. sowie Di mittags und Mo geschl.).

Ferme de Mougins, St-Basile bei Mougins, Tel. 04 93 90 03 74. Mit schönem Garten (So abends und Mo von Mitte Sept. bis Mai geschl.).

Feu Follet, place de la Mairie, Mougins, Tel. 04 93 90 15 78. Preisgünstiges Lokal (Mo geschl.).

Les Muscadins, 18, bd de Courteline, Mougins, Tel. 04 93 90 00 43, Fax 04 92 92 88 23. Einige Fremdenzimmer. (12.–26. 12. und 18. 2. – 11. 3. sowie Mo und im Sommer Di mittags geschl.).

TOP TIPP **Moulin de Mougins**, Notre-Dame-de-Vie, 2,5 km südöstlich von Mougins über die D 3, Tel. 04 93 75 78 24. Wunderschönes Restaurant mit einigen Fremdenzimmern in einer Ölmühle des 16. Jh., Restaurant der Spitzenklasse (10. 12.–12. 1. sowie Mo geschl.).

22 Vallauris

Die Rettung der Töpfer und die Friedenskapelle des Pablo Picasso.

Kehren wir von Grasse zur Küste zurück. Auf dem Weg dorthin sind Abstecher zur Kirchenruine Notre-Dame-du-Brusc (über die D 3, Abzweigung etwa 1 km nach Opio) und zur Bastide Valbonne (auf halbem Weg nach Mougins, ebenfalls an der D 3) zu empfehlen. Wer die oft verstopfte Küstenstraße meiden will, kann von hier aus, über die D 4, auch Biot [Nr. 24] gut erreichen.

Die Kirche **Notre Dame-du-Brusc** wurde im 17. Jh. zerstört. Seit den späten 50er-Jahren des 20. Jh. wird sie systematisch erforscht. Ihr Name hängt mit einer heilkräftigen Quelle (provenzalisch Bresc oder Brisc = Sumpf) zusammen, die wohl schon in vorchristlicher Zeit – an verkehrstechnisch exponierter Stelle gelegen – Scharen von Pilgern angezogen hat. Man entdeckte eine vorchristliche Nekropole, und auch das siebeneckige Brunnenbecken im Narthex (Vorhalle) lässt ein frühchristliches Pilgerzentrum mit Taufkapelle vermuten. Die noch vorhandenen Reste der ziemlich großen Kirchen stammen aus dem 11. Jh. und stellen somit eines der wenigen Beispiele des ›premier art roman‹ (Frühromanik) in der Provence dar. Neuere Hypothesen vermuten, dass Notre-Dame-du-Brusc eine Etappenstation auf dem Pilgerweg nach Santiago de Compostela war.

Die **Bastide Valbonne**, Anfang des 16. Jh. vom Bischof von Grasse und Kommendarabt von Lérins, Augustin von Grimaldi, nach regelmäßigem Plan angelegt, ist das in seltener Reinheit erhaltene Beispiel einer urbanen Neugründung des ausgehenden Mittelalters (›Bastide‹). Um einen zentralen Platz gruppieren sich einheitlich gestaltete Häuser mit breiten Erdgeschossarkaden, die **Kirche** stammt aus dem 13. Jh., sie war also schon vorhanden, bevor der Ort gegründet wurde. Ursprünglich gehörte sie zu einer Niederlassung des mit den Zisterziensern verwandten ›Ordens von Chalais‹, in ihrer Formensprache erinnert sie an Le Thoronet [Nr. 10].

Auch **Vallauris** wurde von Augustin von Grimaldi neu besiedelt, und zwar mit 70 italienischen Töpferfamilien. Vorausgegangen war eine wechselhafte, katastrophenreiche Geschichte, die hier lediglich skizziert werden kann: Um 150 vertrieben die Römer die Bewohner des uralten keltoligurischen Oppidum auf dem benachbarten Plateau von Encourdoules und errichteten dort ihrerseits ein Castrum. Nach der Zerstörung durch Goten und Vandalen entstand im Tal ein neuer Siedlungskern, der – nach den gelben Teppichen der Ginsterblüten – den schönen Namen ›Vallis Aurea‹ (Goldenes Tal) erhielt. Zerstörungen und Entvölkerungen durch die Sarazenen, durch Raimund von Turenne (1364) und schließlich, 1480, durch die Pest, machten den Ort zum ›locus inhabitatus‹ (unbewohnter Ort) – bis zur erwähnten Neubesiedlung.

Nicht erst die Neusiedler lebten von der **Töpferei** – es gab in unmittelbarer Nähe reiche Tonvorkommen – und vom Export ihrer Waren. Doch die seit der Römerzeit immer wieder neu belebte Tradition des Ortes erfuhr in jüngerer Zeit einen schweren Rückschlag: Der Konkurrenz der Bauxitförderung [vgl. Le

Picassos ›Mann mit dem Schaf‹ auf der Place Isnard in Vallauris

›Krieg und Frieden‹ – Picassos eindrucksvolle Malereien in der Vorhalle einer romanischen Kapelle in Vallauris

Thoronet, Nr. 10] war die Tonindustrie nicht gewachsen. Von 40 Keramikwerkstätten, die es zwischen den beiden Weltkriegen gab, hielten sich nach dem Krieg gerade noch 20 mühsam am Leben.

Die Rettung kam von einer Seite, von der niemand sie erwartet hätte: Im August 1946 lud das Ehepaar Ramiès, die Inhaber der Töpferei Mandoura in Vallauris, **Picasso**, der sich damals gerade in Antibes aufhielt, zum Besuch in ihrer Werkstatt ein. Der Künstler, neuen Anregungen immer aufgeschlossen, zeigte Interesse und fertigte einige Formen.

Eine Zusammenarbeit ergab sich, die nicht nur dem genialen Maler und Plastiker neue gestalterische Möglichkeiten erschloss – die Ausweitung der Malerei auf andere Bereiche, die Erschließung unkonventioneller Materialien und Techniken war damals für viele Maler ein aktuelles Thema –, sondern mit einem Schlag auch die Kunstwelt auf Vallauris aufmerksam machte. Das vom Aussterben bedrohte Handwerk erlebte einen gewaltigen Aufschwung, Vallauris wurde gleichsam über Nacht zum Zentrum der Keramikkunst in Frankreich.

Allerdings hat das, was heute in Vallauris an die Touristen verkauft wird, nicht mehr viel zu tun mit den Erfindungen des großen Meisters, der in seinen keramischen Plastiken Gefäß und Figur, Form und malerischen oder zeichnerischen Einfall – etwa bei den mit wenigen Pinselstrichen zur Stierkampfarena umfunktionierten Tellern und Schüsseln – auf einzigartige, kunsthandwerkliche Konventionen weit übersteigende Weise verband.

Wegen der heute dort hergestellten Keramiken würde also ein Besuch des Ortes kaum lohnen, und auch das Stadtbild von Vallauris hat nicht viel Begeisterndes zu bieten. Aber da sind zwei wichtige Werke, die für jede Enttäuschung entschädigen: die *Bronzeplastik* ›Mann mit dem Schaf‹ – ein uraltes mediterranes Thema, das Picasso seit 1942 beschäftigte – und die *Kapelle* mit seinen Malereien zum Thema ›Krieg und Frieden‹ (1952).

Picasso ließ 1949 drei Güsse seiner Hirtenfigur herstellen. Schon das 1943 vollendete Gipsmodell war, gegen Ende des Krieges, allgemein als Zeichen der Hoffnung und als Hinweis auf den Frieden verstanden worden. Als die Gemeinde Vallauris 1950 Picasso zum Dank für seine Verdienste um die Wiederbelebung des Töpferhandwerks zum Ehrenbürger machte, schenkte der sonst nicht eben freigiebige Künstler der Stadt eine dieser drei Plastiken. Der **Mann mit dem Schaf** wurde zunächst in einer profanierten romanischen Kirche aufgestellt, später dann auf dem Hauptplatz – als ein in dieser Gegenüberstellung außerordentlich aussagekräftiger Gegenpol zum martialischen Monumentalkitsch des Kriegerdenkmals gegenüber.

Picasso hat mehrere Werke geschaffen, die sich mit leidenschaftlicher Ausdruckskraft gegen Krieg und Gewalt wenden – das bekannteste ist das riesige, 1937 entstandene Gemälde ›Guernica‹. Kaum weniger eindrucksvoll geriet das kurz nach dem Ausbruch des Koreakriegs gemalte Bild ›Massaker von Korea‹, das freilich von Freunden und Kritikern eher indifferent aufgenommen wurde.

Bei dem Gedanken, das Thema ›Krieg und Frieden‹ noch einmal aufzugreifen und für einen Sakralraum zu gestalten, mag die gerade eingeweihte Kapelle eine Rolle gespielt haben, die *Henri Matisse* im benachbarten Vence gestaltet hatte [Nr. 25]. Picasso beschloss, die Vorhalle der durch den Bau einer größeren Kirche funktionslos gewordenen romanischen **Kapelle** der Mönche von Lérins in Vallauris mit Wandbildern auszustatten, die er allerdings nicht direkt auf die Wand, sondern auf große Tableaus malte.

Heute ist das Gebäude als **Musée National Pablo Picasso** (1.6.–30. 9. Mi–Mo 10–18.30, 1.10.–31.5. Mi–Mo 10–12, 14–18 Uhr, Tel. 04 93 64 16 05) öffentlich zugänglich.

Picasso begann mit den Vorarbeiten zu diesem Projekt im August 1952. Er schloss sich zwei Monate lang in sein Studio ein, nur sein Sohn Paul durfte ihn stören. Dieser wurde denn auch verewigt in dem großartigen **Bilderzyklus**, der freilich nur hier, in der Beziehung auf die herbe, kryptenartige Architektur des romanischen Raums, sinnvoll zur Wirkung kommt – bei Ausstellungen in Mailand und Rom waren die Arbeiten eher verständnislos aufgenommen worden.

Picasso arbeitete mit der Gegenüberstellung verschiedener inhaltlicher, formaler und farblicher, aber auch unterschiedlicher stilistischer Elemente. **›Der Krieg‹** (Südseite) wird symbolisiert durch einen unförmigen Wagen, von dem eine gehörnte Gestalt mit blutigem Schwert Unheil sät. Düstere Schatten wilder Kampfhandlungen zucken im Hintergrund, die dürren, hässlichen Pferde scheuen vor einer hellen, furchtlosen Gestalt, die dem Treiben Einhalt gebietet: Sie trägt – an die Insignien des Erzengels Michael erinnernd – Waage und Lanze und ein Schild, auf dem die Taube des Friedens dargestellt ist.

›Der Friede‹, auf der Nordwand der Kapelle, zeigt vor tiefem Blau eine Fülle von Motiven eines arkadischen, fruchtbaren und harmonischen, sinnerfüllten, aber auch spielerisch freien Lebens: Da wird musiziert und getanzt, gekocht und geschrieben, ein geflügeltes Pferd zieht den Pflug, eine Mutter stillt ihr Kind, ein Knabe trägt Fische in einem Vogelbauer und Vögel in einem Aquarium. Wein und Orangen gedeihen, die Sonne lässt Pflanzen sprießen. Der Thematik entspricht ein anderer, großzügigerer Duktus als bei der splittrigen, aggressiven, gebrochenen Linienführung der Kriegsdarstellung.

Die *Westseite* schließlich zeigt in plakativer Stilisierung, ein wenig an die Klebebilder des späten Matisse erinnernd, vier farbige Männer – Schwarz, Gelb, Rot und Weiß stehen für die vier Hauptrassen der Menschheit. Sie halten gemeinsam eine Scheibe, auf der die Taube des Friedens zu sehen ist.

Praktische Hinweise

Information: Office de Tourisme, Square du 8 Mai 45, Parking, Tel. 04 93 63 82 58, Fax 04 93 63 13 66.

Hotel

Val d'Auréa, 11 bis, bd M.-Rouvier, Tel. 04 93 64 64 29. Modern eingerichtetes Hotel (1.4.–30.9. geschl.).

Restaurant

Gousse d'Ail, 11, av. Grasse, Tel. 04 93 64 10 17. Preiswertes und gutes Restaurant. (1.–7.7., 12.11.–12.12. und Di geschl.; ebenso Mi abends von Jan. bis Ostern und Mo abends von Okt. bis Juni).

23 Antibes

Strandvergnügen und Picasso-Begeisterung.

Die weite ›Bucht der Engel‹, die Baie des Anges, wird durch das *Cap d'Antibes* begrenzt. Auf dessen Westseite lockt der herrliche Strand von **Juan-les-Pins** nach wie vor die Schönen und Reichen der Welt an. Lang, mit feinem Sand und windgeschützt – wenn auch nicht gerade abgeschieden –, ist er ein beliebter, lebhafter Treffpunkt zum Sehen und Gesehenwerden. Nizza und Antibes liegen einander gegenüber – vermutlich bezieht sich die griechische Bezeichnung der Stadt, *Antipolis*, d.h. die ›Stadt gegenüber‹, auf *Nikaia*, ihre gleichaltrige Partnerin im Nordosten.

Jedenfalls ist Antibes wie so viele Küstenorte eine Griechengründung des 6. Jh. v. Chr., doch nähere Auskunft gibt auch der rätselhafte, 65 cm lange, ovale

Antibes: Befestigungsanlagen und Grimaldi-Schloss

Basaltkiesel nicht, von dem im Museum eine Kopie aufbewahrt wird. In zwei Hexametern verkünden seine eingeritzten Buchstaben: »Ich bin Terpon, Diener der erhabenen Aphrodite; möge Kypris dafür ihre Gnade schenken, die mich mit dieser Aufgabe betraut hat.« Der Stein war in die Hafenmauer eingelassen und wurde 1866 gefunden.

Nachdem die Römer die Küste erobert hatten, errichteten sie einige Stützpunkte, die nicht als Kolonien verwaltet wurden, sondern – wie Fréjus – als ›Civitas‹ unmittelbar Rom unterstanden.

Antipolis florierte als Hafenstadt und Flottenstützpunkt, seit der Mitte des 5. Jh. auch als Bischofsstadt. Allerdings wurde der Bischofssitz 1244 nach Grasse verlegt. Die weitere Geschichte ist geprägt durch fortwährende erbitterte Kämpfe und Grenzstreitigkeiten; Befestigungen, Zerstörungen und Wiederaufbau wechselten in trostloser Folge.

Der Name der Stadt wurde auf makabre Weise bestätigt: 1388 war die Grafschaft Nizza an Savoyen, 1481 die Provence an Frankreich gefallen. Aus den beiden Grenzorten wurden gegnerische Festungen und erbitterte Feinde. Wenig historische Substanz hat diese Kämpfe überdauert. So wird man Antibes kaum seiner Festung wegen besuchen. Die *Fort carré*, von Heinrich II. begonnen, unter Ludwig XIV. ausgebaut, möglicherweise unter Beteiligung von Vauban, ist derzeit für Besichtigungen geschlossen.

Auch die Pfarrkirche *Eglise de l'Immaculé-Conception* (romanische Ostteile noch von der ehem. Kathedrale, Langhaus 17. Jh.; Rosenkranzaltar von Louis Bréa, 1515) ist nur mäßig interessant.

Markanter ist da schon das *Grimaldi-Schloss* mit seinem Wehrturm des 12. Jh. Als **Musée National Pablo Picasso** (Di–So 10–18, Fr 10–22 Uhr, Tel. 04 92 90 54 20.) ist es das eigentliche Ziel unseres Besuchs. Kurz zur Geschichte: Der ehem. Bischofspalast, vom mittlerweile in Grasse residierenden Bischof ohnehin nicht mehr benutzt, wurde diesem 1383 zusammen mit seinen Besitzungen in Antibes von Königin Jeanne weggenommen und den Exil-Genuesern Luca und Marco Grimaldi übergeben – zur Strafe dafür, dass der Bischof zu Zeiten des großen Schismas nicht zum Papst in Avignon, sondern zu dem in Rom gehalten hatte. 1927 kaufte die Stadt das Schloss und wandelte es in ein – freilich zunächst recht bescheidenes – Museum um.

Dieses Museum erhielt eine neue, internationale – und damit auch den Ort in hohem Maße aufwertende – Bedeutung, als Picasso im Sommer 1946 nach langer kriegsbedingter Abwesenheit endlich wieder einmal seine geliebte Côte besuchte und ihm bei dieser Gelegenheit angeboten wurde, in den leer stehenden Obergeschossen des Schlosses zu wohnen und zu arbeiten. Die *Gemälde, Zeichnungen* und *Keramiken*, die der Künstler daraufhin

Jacqueline, Picasso und Jean Cocteau bei einem Stierkampf in Vallauris, 1955

Pablo Picasso und die Côte d'Azur

Ein kurzer biografischer Abriss mag die Bedeutung erhellen, die die Côte d'Azur für Leben und Werk dieses Künstlers gehabt hat: Pablo Picasso, 1881 in Málaga geboren und in Galicien aufgewachsen, an den Akademien von Madrid und Barcelona ausgebildet, findet erst in Paris zu sich selbst. Hier, im Zentrum des damaligen Kunstgeschehens, setzt er sich mit den verschiedensten aktuellen Strömungen, aber auch mit historischer und außereuropäischer Kunst auseinander, wirft mit vitaler Unbekümmertheit Konventionen über Bord und knüpft doch zugleich immer wieder an sie an, zertrümmert mit ebenso leichter wie starker Hand Traditionen und erweckt sie, ganz nach Bedarf, wieder zum Leben. Er probiert alles aus, ohne jede Oberflächlichkeit, doch auch, ohne sich je auf einen einzigen Weg festzulegen. So vermeidet er Sackgassen. Wenn andere versuchen, Entwicklungen voranzutreiben, zieht er es vor, diesen vorauszueilen. Keine Technik, keine Kunstgattung, in der er nicht wesentlich mehr als Beiläufiges geschaffen hätte. Er packt an und lässt los – kein Künstler hat so wie er diese elementare Dialektik des Lebens beherrscht und begriffen und in seiner Arbeit realisiert.

Immer wieder zieht es ihn in den Süden. Ab 1909 hält er sich regelmäßig dort auf (sucht die Sonne, die Hitze, das Licht, badet zum Erstaunen der Fischer im Meer): 1909 mit Fernande im katalanischen Horta, die folgenden Jahre regelmäßig in Céret, 1912 mit Georges Braque und André Derain in Avignon.

Die Kriegszeit bindet ihn an Paris, Olga, die erste Ehefrau, lockt ihn dann 1918 in das mondäne Biarritz, den Sommer 1919 aber verbringt er zum ersten Mal an der Côte d'Azur. Fast jedes Jahr kehrt er fortan wieder, lebt und arbeitet im Haus seines Freundes Louis Fort in **Golfe-Juan**, *gelegentlich auch in* **Antibes** *(1923, 1926) oder* **Cannes** *(1927, 1933). Er sucht die Ruhe und Einsamkeit, die es damals in diesen Orten tatsächlich noch gab.*

Nach seiner Trennung von Olga 1936 beschließt er, endgültig an die Côte d'Azur zu ziehen. Er lernt Mougins kennen, doch der Krieg holt ihn nach Paris zurück. Erst 1946 reist er wieder in den Süden, diesmal mit Françoise Gilot. Er hält sich in **Vallauris** *und* **Cannes** *auf, arbeitet im Grimaldi-Schloss in* **Antibes**, *besucht regelmäßig Matisse in* **Vence**. *Dazwischen wieder Aufenthalte in Paris, ein Jahr Vallauris, dort Kauf der* **Villa La Galloise**. *Der Erwerb einer alten Parfumfabrik gibt ihm die Möglichkeit, plastisch zu arbeiten. Von der nahen Müllhalde holt er sich Material, integriert es in seine Bronzen. 1955 zieht er nach* **La Californie** *bei Cannes, seine letzte Lebensgefährtin Jacqueline begleitet den mittlerweile 74-Jährigen. Weitere Umzüge folgen, von Cannes nach Vauvernargues, von dort nach* **Mougins**.

Hier endlich findet er Ruhe, hier entsteht sein intensives, ungebrochen vitales Spätwerk. Es kreist um die Themen Stierkampf und Faun, Mann und Frau, Maler und Modell, ist ein ständig neues Sichvergewissern der eigenen Existenz, aber nicht in einem eng egozentrischen, sondern in einem archetypisch exemplarischen, Zeit und Raum, Geschichte und eigene Biografie übergreifenden Sinn. »Eine derartige Fähigkeit, universelle Kenntnis von Geschichte mit der eigenen existentiellen Situation zu verquicken, bleibt auf Picasso beschränkt.« (Werner Spies) Am 8. April 1973 stirbt Picasso in Mougins.

dem Museum als Dauerleihgabe zur Verfügung stellte, bildeten den Grundstock eines Picasso-Museums von besonderer Authentizität. Picasso selbst hatte Hängung und Aufstellung der Arbeiten überwacht und angeordnet, dass keines der Werke je aus dem Museum entfernt werden dürfte: »Wenn sie die Picassos in Antibes sehen wollen, müssen sie eben nach Antibes kommen«, stellte er lapidar fest.

Inzwischen enthält das Museum 23 Gemälde, über 40 Papierarbeiten, 27 Lithographien, einige Plastiken und einen Wandteppich. Auf der Terrasse werden vier Bronzearbeiten von Germaine Richier (1904–1959) präsentiert, Wechselausstellungen verschiedener Künstler ergänzen die Präsentation.

Keramische Skulptur von Picasso im Museum von Antibes

Praktische Hinweise

Information: Maison du Tourisme, 11, place Général de Gaulle, Tel. 04 92 90 53 00, Fax 04 92 90 53 01 und 50, bd Ch. Guillaumont, Tel. 04 92 90 53 05.

Hotels

Le Ponteil, 11, impasse Jean Mensier, Tel. 04 93 34 67 92, Fax 04 93 34 49 47. Kleines, persönlich geführtes Hotel mit schöner Gartenterrasse, guter Küche und zivilen Preisen. (22. 11.–28. 12. und 8. 1.– 3. 2. geschl.).

Restaurant

Bacon, bd Bacon, Tel. 04 93 61 50 02. Das Spitzenrestaurant auf dem Cap d'Antibes mit herrlichem Blick auf Antibes und die Baie des Anges. Spezialität: Bouillabaisse (1. 11.–31. 1. sowie Mo und Di mittags geschl.).

Workshop für Kinder im Picasso-Museum

Die Fassade des Léger-Museums mit Blütenskulptur in Biot

24 Biot

Besuch bei Fernand Léger.

Zwischen Antibes und Nizza konzentrieren sich die Stätten der Begegnung mit den großen Bahnbrechern der Kunst unseres Jahrhunderts in einem solchen Maße, dass sorgfältige Planung unbedingt angebracht ist. Man nehme sich nicht zuviel vor, denn alle diese Besuche brauchen Zeit, auch wenn die Entfernungen gering sind. Und ›am Wege‹ gibt es noch vieles, an dem man nicht achtlos vorbeifahren sollte. Die im Folgenden vorgeschlagene Route sollte man also entweder in mehrere Einzelausflüge aufteilen oder aber sich mindestens zwei, besser noch drei Tage Zeit lassen.

Wir verlassen Antibes und fahren an der Baie des Anges entlang Richtung Nizza. Bei La Braque mit seinem unübersehbaren *Zoo Marin* biegen wir nach links auf die uns schon bekannte D 4 ab und erreichen nach kurzer Zeit Biot.

Der 80 m über dem Meer gelegene, klimatisch ausgesprochen bevorzugte Ort gehört zum uralten Siedlungsgebiet der Oxybier, deren Hauptstadt Aegitna vielleicht sein Vorgänger war. Genaueres wissen wir erst aus dem 13. Jh.: 1207 wurde der Ort den Templern übertragen mit der Auflage, von hier aus die Küste zu überwachen. Nach der Vernichtung des Templerordens wurden deren Kommende 1312 den Johannitern überlassen. Kriegszerstörungen und Pest führten schließlich Ende des 14. Jh. dazu, dass der entvölkerte Ort aufgegeben wurde, 1470 jedoch konnte er unter dem guten König René mit Familien aus Oneille neu besiedelt werden.

Die zentrale **Place aux Arcades** ist mit Naturkieseln gepflastert, vor der Kirche ist ein Mosaik mit zwei Johanniterkreuzen, einer Lilie und der Jahreszahl 1685 eingelegt. Die **Kirche** selbst entstand nach 1470 und wurde im 17. Jh. verändert. Ihr wertvollster Besitz ist ein *Retabel*, das der Hauptmeister der Schule von Nizza, *Louis Bréa*, gegen Ende des 15. Jh. gemalt hat. Es zeigt eine in Rot, Blau und Gold gehaltene Darstellung der Schutzmantelmadonna, die von sieben kleineren Tafeln mit Heiligendarstellungen umgeben wird [Abb. s. S. 36]. Auch das Auferstehungsretabel stammt von einem Meister der Schule von Nizza, von Jean Canavesio.

Dass aber Biot heute mit großen Buchstaben auf der Landkarte der neueren Kunstgeschichte verzeichnet ist, verdankt es einem Künstler wesentlich jüngerer Generation. Dabei ist der Standort des **Musée National Fernand-Léger** (tgl.

10–12, 14–18 Uhr, außerhalb der Saison bis 17.30 Uhr) vergleichsweise zufällig. Denn Léger (1881–1955) hat hier nie längere Zeit gelebt, und im Gegensatz zu seinen gleichaltrigen Kollegen Matisse und Picasso hat ihn der Süden nie sonderlich interessiert.

Léger kam nach Biot vielmehr einem seiner Schüler zuliebe, der sich hier niedergelassen und die lukrative Idee hatte, von Léger entworfene und signierte Keramik zu produzieren. Die Parallele zu Vallauris ist offenkundig und also doch wohl kein Zufall: Auch in Biot gab es eine alte Handwerkertradition, die dergestalt neu belebt wurde.

Légers Frau Nadja, einer Russin, gefiel es an der Côte d'Azur so gut, dass sie sich nach dem Tod ihres Mannes in Biot niederließ und den Plan fasste, ein ihm gewidmetes Museum zu gründen. Der Plan wurde verwirklicht, der Architekt Svetchine aus Nizza entwarf den als Gebäude nicht eben begeisternden, als Museum aber durchaus funktionalen Bau. Zwei riesige, zu Lebzeiten Légers nicht mehr realisierte Werke sollten das Gebäude schmücken, ein **Fassaden-Mosaik** von 500 m^2 Flächenausdehnung sowie ein 50 m^2 großes Glasfenster. Die Ausführung übernahm Légers Schüler Roland Brice.

Zwar gelang hier nicht, was Léger in Bauten wie den Kirchen von Audincourt (1951) und Courfaivre (1954) gemeistert hatte, nämlich Architektur und angewandte Kunst in einen spannungsreichen Dialog zueinander zu bringen, doch bieten die Sammlungen selbst einen hervorragenden, didaktisch geordneten Überblick über das Schaffen des großen Humanisten und Überwinders der abstrakten Malerei.

Die Präsentation beginnt mit einem *Drahtporträt*, das Légers Freund *Alexander Calder* von ihm anfertigte, sie zeigt dann frühe und noch recht konventionelle Ölbilder Légers, leitet über zu Arbeiten, die die Auseinandersetzungen mit dem Impressionismus und mit Cézanne belegen (1907–11), und erreicht schließlich einen ersten Höhepunkt mit Beispielen für Légers sehr eigenständige kubistische Periode.

Die 1920er-Jahre sind, in gewisser Parallelität zu Picasso, aber innerhalb der persönlichen Entwicklung doch wieder ganz anders bedingt, durch einen ›monumentalen‹ Stil gekennzeichnet, der das Bild des Menschen in Beziehung zu dem der Maschine setzt – Schlüsselerlebnis dabei war, nach Légers eigenen Worten, die Erfahrung des Ersten Weltkriegs.

Keramisches mit Tradition: ›Santons‹ – Puppen aus feinem Ton

In seinem Spätwerk treten Zeichnung und Farbe als autonome Gestaltungselemente auseinander bzw. in ein neues Spannungsverhältnis zueinander – eine Tendenz, die auch bei Matisse [vgl. S. 82f.] zu beobachten ist.

Praktische Hinweise

Information: Office de Tourisme, place de la Chapelle, Tel. 04 93 65 08 48, Fax 04 93 65 70 96.

Restaurants

Zwei ›Michelin-Stern-Lokale‹ zieren den kleinen Ort, das erste am Fuß des Berges, das zweite auf der Höhe, im Zentrum:

Auberge du Jarrier, Tel. 04 93 65 11 68. Nicht ganz billig, aber vorzüglich. (10. 1.–15. 2., außerdem Mo abends und Di geschl. außer Juli/Aug.).

Les Terraillers, 11, route du chemin neuf, Tel. 04 93 65 01 59. Profitiert nicht nur von seiner exzellenten Küche, sondern auch vom Ambiente einer Töpferei des 16. Jh. (im Nov., Mi sowie im Juli/Aug. auch Do mittags geschl.).

TOP TIPP 25 Vence

Uralte Kathedrale und moderne Kapelle.

Zur Weiterfahrt folgt man der landschaftlich außerordentlich reizvollen D 4, biegt kurz vor Valbonne [vgl. S. 72] nach rechts in die D 294 ein, erreicht bei Roquefort-les-Pins die D 2085 und folgt dieser ein Stück weit nach links, Richtung Grasse. Über die D 7 erreicht man entweder (in Richtung Osten) Cagnes-sur-Mer oder, mit Abstechern nach Le-Bar-sur-Loup, Gourdon und die großartigen Gorges du Loup über die D 2210 (oder – ein weiterer, aber sehr reizvoller Umweg – die D 2 und den 970 m hohen Col de Vence) schließlich Vence und St-Paul.

In **Le-Bar-sur-Loup** ist in der kleinen zweischiffigen *Kirche* aus dem 15. Jh. der berühmte, provenzalisch beschriftete ›Totentanz‹ bemerkenswert, außerdem ein Retabel aus dem Bréa-Umkreis. In **Gourdon** gibt es ein *Schloss* aus dem 16. Jh. mit schönem Renaissance-Innenhof und

Rechts: *Vence – ein Ortsbild von besonderer Schönheit*

Unten: *Hoch über dem Tal des Loup: Das Restaurant ›Le Nid d'Aigle‹ (Adlerhorst) in Gourdon*

Gärten, die nach Plänen von *André Le Nôtre* angelegt wurden. Die Aussicht von hier oben ist prachtvoll, die Sammlungen des Schlosses sind zwar Privatbesitz, können aber besichtigt werden. Neben Waffen und Antiquitäten sind Gemälde aus dem 15. und 16. Jh. zu bewundern, darunter eine ›Legende der hl. Ursula‹ aus der Kölner Schule, Arbeiten von Le Nain, Rigaud, Largillière und anderen französischen Meistern sowie insbesondere eine exzellente Kollektion naiver Malerei (Rousseau, Kwiatkowsky, Rabuzin u. a.).

In der Gegend von **Vence** (Vintium) lebten die schon von Plinius d. Ä. erwähnten Nerusii, ein ligurischer Stamm. Unter Augustus wurde Vintium als Militärposten der Römer in den Rang einer ›Civitas romana‹ erhoben, es scheint aber auch, aufgrund seines vorzüglichen Wassers und Klimas, ein beliebter Erholungsort gewesen zu sein.

Im 4. Jh. war die Stadt Bischofssitz; 441 wurde als Bischof der hl. Veranus nach Vence entsandt, ein Mönch aus Lérins und Schüler des hl. Honoratus. Veranus gelang es, in den chaotischen Jahren der Gotenerobererungen die Stadt

heldenhaft zu verteidigen und die Ordnung aufrechtzuerhalten.

In seine Amtszeit fällt wohl der Bau der ersten **Cathédrale de la Nativité-de-la-Vièrge**, die jedoch im 8. Jh. von den Sarazenen geplündert und niedergebrannt wurde. Wenig später erlitt die gesamte Stadt das gleiche Schicksal. Wann Vence wieder aufgebaut wurde, ist nicht genau bekannt, jedenfalls entstand damals, im 10.–12. Jh., eine neue, größere Kathedrale, deren Kern im heute zwar durch vielerlei Um- und Ausbauten veränderten, dennoch merkwürdig urtümlich anmutenden Gebäude immerhin nachweisbar ist.

Die Kathedrale ist, wie die meisten der Region, längst kein Bischofssitz mehr, denn anders als in Italien hat man in Frankreich nach der Revolution die Zahl der Bistümer drastisch verringert und die kirchliche der weltlichen Verwaltungsstruktur angeglichen. Sie steht ziemlich genau in der Mitte des eiförmigen, von einem Rundboulevard anstelle der alten Befestigungsmauern umschlossenen Altstadtkerns. Außen sind ihre Ursprünge noch gut nachvollziehbar, im **Innenraum** jedoch spricht vernehmbar die barocke Ausstattung mit. Der dreischiffige, tonnenüberwölbte und mit Emporen über den Seitenschiffen versehene, daher sehr hoch und steil proportionierte Raum wirkt, wegen der angebauten Kapellen, fünfschiffig. Die Ausgestaltung ist reich und prächtig, wenngleich alles andere als einheitlich.

Ein paar Hinweise müssen genügen. Die Fassade ist im Rokokostil gehalten; die Tour St-Lambert (links vom Eingang) stammt im Kern aus dem 12. Jh. und war ursprünglich frei stehend; Westfassade und Vorraum besitzen *Votivtafeln* aus römischer Zeit (vermutlich stand hier ein Tempel von Mars und Kybele). Unter der Empore ein hochverehrtes *Kruzifix* des 16. Jh., das wunderbarerweise in der Französischen Revolution den Zerstörungsversuchen trotzte; das **Baptisterium** zeigt Frühbarockstuck und ein Mosaik von *Chagall* (1979). Auf der Empore ein schönes *Chorgestühl* (15. Jh.), außerdem ausdrucksstarke Figuren eines volkstümlichen Kreuzwegs (18. Jh.); an den Innenseiten der Seitenschiffarkaden befinden sich *vorromanische Flachreliefs* mit Vogel- und Flechtbandmoti-

Markt in den engen Gassen von Vence

ven. In der südöstlichen Seitenkapelle sieht man das Grab des hl. Veranus (Sarkophag und Skulpturfragmente des 4. Jh.). Chor mit Stuck des 17. Jh., der Hochaltar wurde 1768 von Giuseppe Schiaffini aus Genua geschaffen.

In der nordöstlichen **Sakramentskapelle** im Untergeschoss des Glockenturms werden weitere wertvolle Ausstattungsstücke gezeigt.

Die kleine Pforte zwischen dieser Kapelle und dem Chor führt zum schönsten Platz der Stadt – mit antiker Säule –, der **Place Godeau**, die nach Antoine Godeau benannt wurde, der im 17. Jh. Bischof von Vence war und zusammen mit Richelieu die Académie française gründete.

Folgt man dem Oval der ehem. *Stadtmauer*, das innerhalb einer mittlerweile ausufernden Bebauung den eigentlichen Stadtkern markiert – radial verbinden kleine Gässchen und Treppen das Zentrum mit der Peripherie –, so ergeben sich schöne Ausblicke ins *Tal der Lubiane*. Im Westen, beim Schloss der Herren von Villeneuve mit dem **Musée Carzou** (Heimatmuseum), bestimmt die **Tour Carrée** das Bild der 1441 angelegten Place Neuve, heute **Place du Frêne**, benannt nach einer angeblich zu Lebzeiten von Franz I. gepflanzten mächtigen Esche. Von hier aus schöner Blick zur Matisse-Kapelle (s. u.). Nahebei, jenseits der Porte Peyra, steht der berühmte **Brunnen**, der eines der beliebtesten Fotomotive dieser reizvollen und gepflegten, im Gegensatz zu St-Paul trotz Touristen vergleichsweise ›normalen‹ Stadt darstellt.

TOP TIPP Chapelle du Rosaire

Der Weg zur Chapelle du Rosaire (Di, Do 10–11.30, 14.30–17.30 Uhr, während der französischen Schulferien auch Mi, Fr, Sa, 14.30–17 Uhr, Nov.–Mitte Dez. geschl., Tel. 04 93 58 03 26.) von **Henri Matisse** (1869–1954) ist ausgeschildert. Sie liegt etwa 1,5 km nordwestlich des Stadtzentrums, jenseits der Lubiane. Sie gilt als das **Hauptwerk** des großen Meisters der Farbe und der Linie, als ein Werk von klarer, asketischer, zugleich aber auch spielerisch heiterer Schönheit. Gleichwohl erschließt sie sich selten auf Anhieb. Spektakulär ist sie nicht – Picasso verglich sie respektlos mit einem Badezimmer –, und manch einer wird bei der ersten Begegnung wahrscheinlich enttäuscht sein. Aber man lasse sich Zeit. Die Nonnen bestehen darauf, dass in diesem Raum nicht geredet wird, und es genügt zu schauen.

Die Entstehungsgeschichte der Kapelle ist eine sehr persönliche. Matisse, wider Erwarten von schwerer Krankheit genesen, hatte bei seiner ersten Operation im Krankenhaus in Lyon 1941 die Ärzte gebeten: »Gebt mir noch drei bis vier Jahre Zeit, damit ich mein Lebenswerk vollenden kann.« Sechs Jahre später erhielt er Gelegenheit, diesen Wunsch in die Tat umzusetzen.

Seine damalige Pflegerin war mittlerweile, als Schwester Marie-Ange, in den Dominikanerorden eingetreten. Von ihr erfuhr er von den Plänen, im Kloster Vence eine neue Kapelle zu bauen. Aus Überlegungen, ob er nicht hierfür die Fenster entwerfen könne, entstand rasch die Idee eines viel weitergehenden Engagements. Das funktionale Grundkonzept der Kapelle wurde mit dem zuständigen Architekten abgesprochen – der Bau sollte winkelförmig werden, mit einem Raum für die Nonnen und einem zweiten für die Laien, im Schnittpunkt sollte diagonal der Altar aufgestellt werden –, bezüglich der Details aber erhielt Matisse freie Hand. Er machte sich sofort mit Skizzen und Studien ans Werk.

Alles – Wände, Türen, Fenster, Altar, Messgeräte, Beleuchtung, Paramente – entwarf er selbst. Das Matisse-Museum in Nizza [s. S. 101] zeigt die Vorstudien

Der hl. Dominikus – Zeichnung, Altar und Fenster von Henri Matisse in der Chapelle du Rosaire in Vence

und den Werdegang des Projekts, dessen Quintessenz darin besteht, einfache, auf chiffrenartige Konturen beschränkte Wandzeichnungen – den Kreuzweg, die Madonna – mit dem wandernden Licht, das von gelb und grün ornamentierten Fenstern auf die gekachelten Wände geworfen wird, in ein vitales, dynamisches Gleichgewicht zu bringen.

Die Elemente der Kunst des großen Altmeisters der Moderne – Linie, Licht, Farbe – treten in Vence in autonomer, gereinigter, aufs Äußerste reduzierter und konzentrierter Form immer wieder auseinander und aufs Neue, in einem Prozess, der Raum und Zeit umfasst, wieder zusammen. Matisse geht so weit, bei den wie prähistorisch anmutenden Kürzeln der Passionsszenen sogar seine individuelle Handschrift aufzugeben: Der geniale Zeichner band den Pinsel an einen 2 m langen Bambusstab, verzichtete so bewusst auf das Ausspielen in Jahrzehnten angeeigneter und vervollkommneter Fähigkeiten, um noch einmal ganz ursprünglich, ganz hilflos an eine gestellte Aufgabe heranzugehen, die ihm mit eingespielten Mechanismen nicht lösbar erschien. 1936 hat er in seinen Tagebüchern formuliert: »Wenn sich die Mittel so ausgeglichen haben und so verbraucht sind, dass sich ihre Ausdruckskraft erschöpft hat, dann muss man zu den Grundregeln, welche die menschliche Sprache geformt haben, zurückkehren.«

Die Kapelle von Vence wurde 1951 geweiht, drei Jahre später ist Matisse in Nizza gestorben. Was er mit seinem letzten Werk wollte, hat er selbst mit aller Klarheit beschrieben: »In der Kapelle bestand mein Hauptanliegen darin, eine Oberfläche von Licht und Farbe gegen eine feste weiße Wand, die mit schwarzen Zeichnungen bedeckt ist, auszubalancieren. Die Kapelle ist für mich das letzte Ziel eines arbeitsreichen Lebens und der Höhepunkt eines gewaltigen, aufrichtigen und schwierigen Bemühens.«

Praktische Hinweise

Information: Office de Tourisme, place Grand-Jardin, Tel. 04 93 58 06 38, Fax 04 93 58 91 81.

Hotel

TOP TIPP **Château du Domaine St-Martin**, 3 km auf der Route Coursegoules (über D 2), Tel. 04 93 58 02 02, Fax 04 93 24 08 91. Das erste Haus am Platz, ein teures Spitzenhotel mit allem erdenklichen Komfort und wunderbarer Sicht auf Vence und die Küste. Das Restaurant zählt zu den besten der Gegend (15. 4.–15. 10. geschl.).

St-Paul: Kulinarische Genüsse im Freien

Restaurants

Jacques Maximin, 689 chemin de la Gaude (3 km Richtung Cagnes), Tel. 04 93 58 90 75 (16. 11.–16. 12. sowie So abends und Mo geschl.). Restaurant mit hervorragender Küche und angenehmem Ambiente.

Auberge des Seigneurs, place Frêne, Tel. 04 93 58 04 24, Fax 04 93 24 08 01. Restaurant mit einigen Fremdenzimmern; traditionsreiches Haus im Stadtzentrum, bei dem Einrichtung, Qualität der Küche und Preis erfreulich miteinander harmonieren (1. 11.–15. 3. sowie Mo, Di und Mi mittags geschl.).

Camping

La Bergerie, 3 km in Richtung Grasse, Tel. 04 93 58 09 36 (16. 10.–24. 3. geschl.).

TOP TIPP 26 St-Paul

Alte Stadt und neue Kunst: Von der Bergfestung zur Fondation Maeght.

Folgt man der Straße, an der die Kapelle liegt, weiter, so gelangt man in eine Bergwelt von außerordentlicher Schönheit. Der Blick öffnet sich zwar auch ins industrialisierte *Var-Tal*, doch auf den Höhen oberhalb scheint es, als sei die Zeit stehen geblieben. Wunderschöne Villages perchés (Gattières, Carros, Le Broc, Roquesteron) laden zum Verweilen ein. Von hier aus sind sehr reizvolle Routen nach Nordwesten Richtung Castellane und Digne möglich, aber auch eine weit greifende Alpenfahrt, die nach Nordosten, über St-Martin-Vésubie, Roquebillière und Sospel führt und bei Menton wieder die Küste erreicht [s. Nr. 29–34].

Der im Folgenden beschriebene Weg wendet sich jedoch, von Vence aus, wieder der Küste zu. 5 km südlich von Vence liegt die Bergfeste St-Paul. Der wahrlich zauberhafte Ort – wie alt er wirklich ist, wissen wir nicht, die älteste Erwähnung datiert von 1241 – ist in den Sommermonaten fest in den Händen der Touristen. Es empfiehlt sich, ihn wenigstens an sommerlichen Wochenenden zu meiden.

St-Pauls große Zeit begann, als im 16. Jh. Franz I. den Ort durch seinen Baumeister St-Remy zur **Festung** ausbauen ließ – über 600 Häuser sollen damals abgerissen worden sein, um diese ambitionierten Pläne zu verwirklichen. Auch die Stadtmauer des 14. Jh. musste weichen, lediglich das Stadttor wurde in die neue Anlage integriert. Der Aufwand hat sich gelohnt: Die Festung trotzte Österreichern, Piemontesen und Ungarn, und der Rundgang um die Mauern eröffnet heute ebenso wie die Spaziergänge durch die steilen, gepflasterten Gassen ständig neue und reizvolle Perspektiven.

Die ältesten Bauten sind **Donjon** und **Kirche** (12./13. Jh.; Kirche um 1300 um zwei Seitenschiffe erweitert, Wölbung im 17. Jh. erneuert, Glockenturm 1740 von der Nordseite nach Süden versetzt, sehenswerter Kirchenschatz). Doch gilt unser Interesse auch in St-Paul weniger der alten als der neuen Kunst. Hierzu bietet der Ort gleich zwei sehr verschiedene Attraktionen:

TOP TIPP Vielleicht ist es ja ohnehin Essenszeit, und ein kulinarischer Genuss könnte im Restaurant **La Colombe d'Or** mit einem angemessenen Kunstgenuss verbunden werden: Der einstige Besitzer des Restaurants, Paul Roux, hat zu Zeiten, als derlei noch erschwinglich war, in jahrzehntelanger Sammeltätigkeit Bilder von Bonnard, Braque, Derain, Dufy, Léger, Matisse, Miró, Modigliani, Picasso, Utrillo und vielen anderen zusammengetragen, von Künstlern, die in den 20er-Jahren des 20. Jh. größtenteils seine Gäste waren. Auf diese Weise entstand eine sehr persönliche Kollektion, deren Kostbarkeiten häufig in ›Naturalien‹, sprich Essen und Übernachtung, bezahlt wurden. Heute hat sich das einzigartige künstlerische Ambiente längst herumgesprochen, und in der Saison zumindest ist ohne Vorbestellung [s. S. 86] kein Platz mehr zu haben.

TOP TIPP Nicht weit entfernt verbindet die **Fondation Maeght** (tgl. 10–12.30, 14.30–18, 1.7.–30.9. 10–19 Uhr, Tel. 04 93 32 81 63) [sprich: Mag] in schlechthin idealer Weise Natur, Architektur und Kunst. Von den bisher in diesem Buch besprochenen Museen gibt es keines, das in vergleichbarer Weise architektonische und künstlerische Qualität miteinander in Einklang brächte. Dabei ist der Bau des bedeutenden, mit den meisten hier gezeigten Künstlern persönlich befreundeten katalanischen Architekten Josep Louis Sert keineswegs eine

Ein lebendiges Zentrum der Begegnung mit Kunst: die Fondation Maeght bei St-Paul

selbstgefällige Architektur, vielmehr in hohem Maße funktional. Ein wunderbarer Skulpturengarten bindet das Ganze in die Landschaft ein, Arbeiten von Calder und Miró setzen bizarre, häufig ihrerseits organisch-naturhafte Akzente.

Ist schon das Ambiente unbedingt eine Reise wert, so ist es nicht weniger die **Sammlung** selbst, die das Pariser Kunsthändlerpaar *Marguerite und Aimé Maeght* hier zusammengetragen hat. Gezeigt werden durchweg Werke von Künstlern, die das Ehepaar auch in seinen Galerien vertrat: Braque, Chagall, Calder, Chillida, Giacometti, Miró und viele andere, etliche davon eng verbunden mit der herrlichen Landschaft, in der sie hier in zwangloser, aber überzeugender Stimmigkeit präsentiert werden.

Die Atmosphäre der Stiftung ist alles andere als ›museal‹, und in der Tat handelt es sich nicht um ein Museum im herkömmlichen Sinn, vielmehr um ein modernes, lebendiges Haus der Begegnung mit Kunst, ein Zentrum verschiedenster Veranstaltungen, mit Bibliothek und Archiv, das häufig auch durch bedeutende Wechsel- und Wanderausstellungen von sich reden macht.

Praktische Hinweise

Information: Office de Tourisme, Maison Tour, rue Grande, Tel. 0493328695.

Hotel

Mas d'Artigny, rte des Hauts de St-Paul, Tel. 0493328454, Fax 0493329536. Außerhalb des Stadtkerns auf der Höhe gelegen, ein luxuriöses Hotel mit Park, Aussicht und exzellentem Restaurant.

Restaurant

La Colombe d'Or, place du Général de Gaulle, Tel. 0493328002. Wegen seiner Gemäldesammlung berühmt [s. S. 85], aber auch die Küche lohnt den Besuch (vorbestellen!, 3. 11.–20. 12. geschl.).

27 Cagnes-sur-Mer

Im Haus Renoirs.

Die D 36 bringt uns aus den Bergen zur Küste zurück. Cagnes, im Tal der Cagne, zieht sich über einige Kilometer hin und besteht aus drei sehr verschiedenartigen Teilen: dem früheren Fischer- und heutigen Badeort am Strand, *Cros-de-Cagnes*, (= Niederung von Cagnes), der im 19. Jh. entstandenen Unterstadt mit ihren Geschäften und Verwaltungsgebäuden, und dem historischen *Haut-de-Cagnes*, das uns allein, und zwar aus mehreren Gründen interessiert: Zum einen wegen der wunderschönen Atmosphäre seines **historischen Stadtbildes**, das auf sympathische Weise zeigt, dass es einen Mittelweg

Haut-de-Cagnes: typisches Beispiel für ein ›Village perché‹, ein provenzalisches Bergnest

gibt zwischen dem trostlosen Herunterkommen verlassener und verfallener historischer Orte und ihrer schrillen und künstlichen massentouristischen Reanimation. Zum anderen aber wegen **Auguste Renoir** (1841–1919), der sich hier auf Anraten seiner Ärzte niederließ – an einem klimatisch begünstigten Ort, nachdem er zuvor acht Jahre lang in Beaulieu und Magagnosc, in Nizza und Le Cannet vergebens nach einem passenden Alterswohnsitz gesucht hatte. Cagnes aber, so berichtet sein Sohn Jean, war für den großen Maler Liebe auf den ersten Blick. Renoir quartierte sich zunächst im Postgebäude (heute Mairie) ein, erwarb dann 1907 das 23 000 m^2 große Grundstück Les Collettes mit seinen tausendjährigen Olivenbäumen und ließ sich dort ein Haus bauen, das er im darauffolgenden Jahr mit seiner Frau, seinen Kindern und seinen Modellen bezog. Hier verbrachte er die letzten zwölf, trotz seiner arthritischen Erkrankung ungemein glücklichen und fruchtbaren Jahre seines Lebens, malte täglich, zuletzt mit an die Hand gebundenem Pinsel.

1960 kaufte die Stadt das Anwesen und richtete darin, ohne viel zu ändern, eine Renoir-Gedenkstätte ein, das **Musée Renoir** (1.6.–30.9. Mi–Mo 10–12, 14–18, 1.10.–31.5. Mi–Mo 10–12, 14–17 Uhr; 1.1., 1.5. und im Nov. geschl., Tel. 04 93 20 61 07). Das Museum vermittelt nicht nur etwas von der Atmosphäre des Ateliers und den Lebensumständen des Künstlers, sondern verfügt auch über bedeutende Arbeiten, darunter zwei Leihgaben, die der Louvre zur Verfügung stellte. Im Esszimmer des Hauses steht Maillols Renoir-Büste. Die Verehrung, die Renoir dem 20 Jahre jüngeren Bildhauer entgegenbrachte, spiegelt sich in seinen eigenen plastischen Schöpfungen. Und wieder einmal wird deutlich, dass sich diese Kunst nicht allein aus dem Licht und den Farben, sondern auch aus der uralten Kultur des Mittelmeerraumes speist: In Renoirs Frauenbildern werden nicht nur die griechische Aphrodite und die römische Venus, es werden zugleich auch die ewig jungen, meergeborenen Göttinnen lebendig.

Natürlich sollte man über Renoir nicht einen Besuch des **Grimaldi-Schlosses** (1.6.–30.9. Mi–Mo 10–12, 14–18, 1.10.–31.5. Mi–Mo 10–12, 14–17 Uhr; 1.1., 1.5. und im Nov. geschl., Tel. 04 93 20 85 57) versäumen, dessen schöner Renaissancehof ebenso bemerkens-

Das Bauernhaus auf dem weitläufigen Grundstück von Renoirs Haus in Haut-de-Cagnes

Im Renoir-Museum

Im Grimaldi-Schloss von Cagnes ist das Ölbaum-Museum untergebracht

Flottes Segelboot und eines der Pyramidenhäuser der Urlaubsanlage Marina Baie des Anges in der Nähe von Cagnes

wert ist wie das darin untergebrachte **Musée de l'Olivier** (Ölbaum-Museum). Auch eine kleine Sammlung von Gemälden verdient Beachtung: Es handelt sich durchweg um Arbeiten von Künstlern, für deren Leben und Werk die Côte d'Azur von Bedeutung war: Dufy, Vasarely, Fujita, Picabia u. a. m. Die nahe gelegene Kapelle **Notre-Dame-de-Protection**, ein von Henri Grimaldi im 17. Jh. vergrößertes Oratorium des 14. Jh., enthält schöne Fresken (16. Jh.).

Praktische Hinweise

Information: Office de Tourisme, 6, bd Maréchal-Juin, Tel. 04 93 20 61 64, Fax 04 93 20 52 63.

Hotel

Le Cagnard, rue Pontis-Long in Haut-de-Cagnes, Tel. 04 93 20 73 21, Fax 04 93 22 06 39. Das Hotel mit Restaurant lässt, was Komfort und Küche anbelangt, keine Wünsche offen (2. 11.–15. 12. sowie Di, Do mittags, außer Juli / Aug., geschl.).

Restaurant

Les Peintres, 71, montée Bourgarde in Haut-de-Cagnes, Tel. 04 93 20 83 08. Ein sehr schön gelegenes Restaurant mit Aussicht (1. 12.–15. 12. und Mi geschl.).

Nizza – Hauptstadt der Côte d'Azur

Nizza, die Königin der Riviera, ist einer der glanzvollsten Orte der Mittelmeerküste – traumhaft gelegen, gesegnet mit einer Jahrtausende umfassenden Geschichte und ungemein kontrastreich, was die Verschiedenheit seiner einzelnen Bezirke betrifft: Da gibt es die enge, lebendige Altstadt, repräsentative barocke Paläste und Kirchen, pompöse Promenaden und Boulevards und nicht zuletzt auch exzellente neue Architektur. Nizza, die französische Stadt, die im deutschen Sprachraum mit ihrem italienischen Namen bezeichnet wird, erinnert daran, dass diese Landschaft nicht einfach ein Teil Frankreichs ist. Schon gar nicht, was die gerade hier jahrhundertelang heiß umkämpfte Küste betrifft.

TOP TIPP 28 Nizza

Plan hintere Umschlagklappe

Eine Stadt im Spannungsfeld zwischen Italien und Frankreich, zwischen Vorzeit und Moderne.

Wir befinden uns in **Ligurien**, im Einflussbereich Genuas, auch Pisas, den einstmals dominierenden Seemächten des Tyrrhenischen Meeres. Ein Blick auf die Karte genügt, um das Kräftefeld zu erkennen, das im Guten wie im Bösen diese Welt geprägt hat: Italien, Frankreich, Spanien, Afrika, die großen Inseln – Sizilien, Sardinien, Korsika – ferner Savoyen (Turin ist zu nennen als ungeliebte Hauptstadt im Hinterland), Provence, Katalanien; Phönizier, Karthager, Griechen, Kelten, Römer, Germanen, Sarazenen.

Verbindend war immer das **Mittelmeer**, Mare nostrum, wie die Römer es nannten, ›unser Meer‹. Mit seinem uralten kulturellen Umfeld bildet es den Nährboden und gemeinsamen Nenner für alle, die kamen und gingen, brachten und nahmen. Nicht zuletzt die Beschäftigung mit der Kunst unseres Jahrhunderts, die mit dem Museum für zeitgenössische Kunst einen Ort von prägender Bedeutung erhalten hat, zeigt, dass die Wurzeln dieser kulturellen Kontinuität nach wie vor kraftvoll und lebensspendend sind.

Mit Nizza, französisch **Nice**, verbinden sich Assoziationen unterschiedlichster Art. Anders etwa als bei der Nennung des Namens Marseille denkt man durchaus an die Küste, an die Schönheit, an Palmen, das mondäne Leben, die Strandpromenade – bezeichnenderweise heißt sie Promenade des Anglais und ist somit nach den Engländern benannt, die die Stadt als Urlaubsparadies im 19. Jh. entdeckten.

Aber Nizza ist zugleich eine der großen Kulturstädte im Mittelmeerraum, ehemalige Residenz, Regierungsmetropole und nicht zuletzt einer der Orte an der Côte, an der sich Geschichte in ihren

Erst mit Beginn der 30er-Jahre des 20. Jh. stellte man sich an der Côte d'Azur auch auf Sommerurlauber ein

architektonischen und künstlerischen Erzeugnissen von der Frühzeit über die Antike hinweg bis hin zur Gegenwart mit außerordentlicher Intensität manifestiert. Denn Nizza – wenngleich nicht die Stadt, so doch die Besiedlung der Region – ist vielleicht noch älter als Marseille, älter sogar als Rom, einer der ältesten kontinuierlich bewohnten Orte der Menschheit. Freilich gibt es Schwerpunkte und Leerstellen, die für die Geschichte der Stadt symptomatisch sind. Die zeitlichen Akzente sind zudem räumlich verschieden verteilt. Ein Blick auf den Stadtplan soll dies genauer erläutern. Man muss allerdings mehrere Pläne heranziehen, muss wechselnde ›Brennweiten‹ benutzen, verschiedene Maßstäbe anlegen, um das Ganze der Stadt, ihre Einbettung in Landschaft und Umfeld überblicken zu können.

Nizza breitet sich heute aus zwischen dem künstlich vergrößerten Schwemmlandkeil, den der *Var* in der Mitte der ›Bucht der Engel‹, der Baie des Anges, angelegt hat, und dem **Mont Boron**, an dessen Westhang, in der **Grotte Lympia**, 1873 Steinwerkzeuge gefunden wurden, die auf eine Zeit verweisen, die über 100 000 Jahre zurückliegt. Weitere Grotten wurden in unmittelbarer Nähe entdeckt, weitere Funde – Steinbeile, Zähne, ein Schädelfragment, bearbeitete Feuersteinknollen – erwiesen sich insofern als sensationell, als sie zu den frühesten Zeugnissen menschlicher Anwesenheit und Tätigkeit überhaupt in Europa gehören. Näheren Aufschluss gibt das hervorragend gegliederte *Museum Terra Amata*, das die Stadt bei den Grotten angelegt hat [s. S. 103].

Dazwischen also, zwischen Flughafen und Berg, schwingt entlang der Baie die große Küstenstraße, die erst *Promenade des Anglais*, dann *Quai des États-Unis* heißt. Kurz vor dem Mont Boron aber wird sie unterbrochen durch den steil vorspringenden Sporn des Burgbergs *Colline du Château*, (nur die Straße findet gerade noch Platz, sich zwischen Meer und Berg vorbeizuwinden) und den dahinter, zwischen Burgberg und Mont Boron sich öffnenden Hafen Lympia. Das **Fischerviertel**, das sich ihm anschließt, hat eine eigene Atmosphäre, und dies ist charakteristisch für Nizza, dass der Stadtorganismus aus vielen, sehr verschiedenartigen Zellen besteht.

Zwischen Flughafen und Burgberg weitet sich das Tal und bietet viel Platz für die Ausbreitung der Stadt. Regelmäßige Straßenzüge verraten die Planung des 18. und 19. Jh. Dies also ist das Nizza der großen, mondänen Welt, die **Winterhauptstadt Europas**, die Stadt der großen Boulevards mit ihren Hotels und Theatern, mit Museen und Kirchen – auch eine russische wurde für den Zaren und sein Gefolge gebaut –, mit Casino und Bahnhof.

Sein nobles Zentrum ist die **Place Masséna**, von der aus die üppig bepflanzte Parkpromenade des **Boulevard Jean-Jaurès** zur Place Garibaldi führt.

Nizza-Cimiez: Rosenzarter Blick auf die Klosterkirche Notre-Dame-de-l'Assomption

Wo nicht nur Engländer flanieren: die Promenade des Anglais in Nizza

Der Boulevard trennt die mittelalterliche Stadt von der neueren Stadterweiterung – erst viel weiter im Norden zeigt sich, was es wirklich mit ihm auf sich hat: Es handelt sich nämlich um ein verdoltes Flussbett, das zur Promenade umgestaltete Bett des ungeliebten Paillon. Wasser, so sahen es offenbar die Stadtplaner, gibt es in Nizza genug – auf einen Fluss als belebenden Akzent ließ sich ohne weiteres verzichten. Zumal dem Paillon nicht zu trauen war: Verheerende Hochwasser hatten in der Vergangenheit häufig die Stadt heimgesucht.

Das heutige Nizza hat sich weit nach Norden ins Tal hineingefressen. Dort, im heutigen Stadtteil **Cimiez**, gut 3 km vom Zentrum entfernt, wurden die eindrucksvollen Reste einer **Römerstadt** ausgegraben, die ursprünglich ein eigenes, von Nizza getrenntes Gemeinwesen war. Dort begegnet man *Henri Matisse* wieder, und ganz in der Nähe auch *Marc Chagall*. Ein weiteres Museum, dieses aber an der Strandpromenade gelegen, ist *Raoul Dufy* (1877–1953) gewidmet.

Versuchen wir im Folgenden, uns nach dieser groben Information genauer zu orientieren. Ein erster Spaziergang sollte, um das Panorama und die Atmosphäre Nizzas genauer zu erfassen, der Promenade des Anglais gelten, ein zweiter der Colline du Château, wegen des von dort oben zu gewinnenden Überblicks: Wir erkennen den Mont Boron und den Hafen, die Altstadt und die Neustadt, im Norden den Hügel von Cimiez, im Westen am Ende der Promenade, den **Flughafen**, den man leichtsinnigerweise an der Mündung des Var angelegt hat, eines der großen, bis heute unberechenbaren Alpenflüsse. Vor einigen Jahren hatte ein verheerendes Hochwasser sogar Teile des Flughafens vom Land gelöst und ins Meer gespült. Die Experten hatten rechtzeitig gewarnt, aber niemand wollte ihre Bedenken hören. – Der beschriebene Rundgang ist zugleich als chronologischer Überblick gedacht.

Geschichte Keimzelle der Stadt ist – sieht man von den prähistorischen Funden ab, von denen ja bereits die Rede war – die **Colline du Château**. Dort ließen sich im 5. oder 4. Jh. v. Chr. *griechische Phokäer* nieder. Daneben jedoch gab es, auf einem Hügel im Norden, die Hauptstadt der ligurischen Vediantier, Kemenelon. Aus dem griechischen Namen entstand das römische **Cemenelum**, das heutige Cimiez. Beide Städte bestanden bis zum 6. Jh. n. Chr. unabhängig nebeneinander, Cimiez wurde dann freilich erst im 19. Jh. wieder besiedelt. Eine Verbindung bestand in ligurischer Zeit insofern, als die Bewohner von Kemenelon ihren Hafen am Fuß des späteren Burgbergs hatten. Sie nannten ihn ›Nisse‹, ›Wasserspitze‹, was wohl die Griechen dazu veranlasste, ihrer Gründung den ähnlich klingenden Namen ›Nikaia‹, die ›Siegreiche‹ zu geben. Denn nichts spricht dafür, dass es bei der griechischen Besiedlung zu einer Schlacht gekommen wäre, die zu einem Sieg geführt hätte, vielmehr scheint es, als seien das ligurische Kemenelon und das griechische Nikaia zunächst friedlich miteinander ausgekommen.

Dies änderte sich erst, als die kriegerischen **Kelten** auf den Plan traten und die Ligurer gegen die Griechen mobilisierten. Nun wiederholte sich, was von der Geschichte Massalias her bekannt ist: Die **Römer** wurden zu Hilfe gerufen, sie eroberten und ›befriedeten‹ gewaltsam das Hinterland und gründeten die **Provinz Alpes Maritimae**, auf die sich noch der heutige Name des Departements bezieht. Cemenelum wurde die Hauptstadt der Provinz, die Römer konzentrierten sich auf die Kontrolle des Hinterlandes um ihre Staatsstraße Via Iulia Augusta, die spätere Via Aurelia.

Den **Griechen** wurde ein autonomer Küstenstreifen belassen, der unter der Herrschaft Massalias stand. Es scheint, als sei Nikaia damals weitgehend abhängig von Massalia gewesen. Jedenfalls gab es zwei verschiedene Kulturbereiche nebeneinander; an der Küste sprach man bis ins 2. Jh. hinein griechisch, im Hinterland lateinisch. Erst mit der Ausbrei-

Römische Ruinen in Cimiez

Der König von Nizza

Über 60 Jahre lang, seit 1928, beherrschte die Familie der Médecin die Stadt. Keineswegs alles, was sie unternahm, geriet Nizza zum Schaden, so dass es nicht an Sympathien fehlte, als sich schließlich das Unheil zusammenbraute: Korruption, Filz, Begünstigung und Steuerhinterziehung brachten ›Roi Jacques‹, der das Amt des **Bürgermeisters** *1965 von seinem Vater Jean ›geerbt‹ hatte, 1994 vor Gericht. Zuvor schon hatte er seinen ›Zweit-Job‹ als Staatssekretär der Regierung Chirac wegen ähnlicher Delikte aufgeben müssen, konnte in Nizza jedoch zunächst unangefochten weiter ›regieren‹. Der drohenden Verhaftung entzog sich* **Jacques Médecin** *durch die Flucht nach Südamerika. Dort schrieb er seine Memoiren, die er als Bestseller – Médecin ist auch der Autor eines beliebten regionalen Kochbuchs – in Nizza verkaufte.*

Jacques Médecin wurde 1928 geboren, im selben Jahr, als man seinen Vater zum Bürgermeister wählte. ›Roi Jean‹ blieb bis 1965 im Amt – mit einer kurzen Unterbrechung, als er nach 1945 wegen Kollaboration mit den Nazis seines Amtes enthoben wurde. Auch dem Sohn, der schließlich doch in Südamerika gefasst und noch 1994 an Frankreich ausgeliefert wurde, um dort seine Haftstrafe anzutreten, war rechtes Gedankengut nicht fremd. In den letzten Jahren seiner Amtszeit hatte er die nationalistische und fremdenfeindliche Politik von Le Pen unterstützt. Sein Nachfolger führt dies fort: 1995 wurde mit **Jacques Peyrat** *ein Vertreter der radikalen Rechten gewählt und 1998 im Amt bestätigt. Er nahm sich vor, die Stadt ›von ihren üblen Elementen zu befreien‹, meinte damit jedoch nicht die florierende Korruption und die international vernetzten mafiosen Aktivitäten – Nizza steht in der Verbrechensstatistik Frankreichs mit an der Spitze, und die verhängnisvolle Bau- und Spekulationspolitik der Côte d'Azur hat hier eines ihrer Zentren –, sondern vorwiegend Farbige und Obdachlose.*

Hausfassade im Piemonteser Stil am Hafen von Nizza

tung des Christentums hat sich allgemein das Latein durchgesetzt.

Mit dem Ende des Weströmischen Reichs kam auch das vorläufige Ende des römischen Cemenelum. Nizza, seit dem 4. Jh. **Bischofsstadt**, blühte auf und gewann, seither ohne Konkurrenz, an Bedeutung. Mit seinem uneinnehmbaren Burgberg behauptete es sich über die Stürme der Völkerwanderungszeit hinweg und legte auch späterhin, wenngleich nominell zur Grafschaft Provence gehörig, größten Wert auf politische Selbstständigkeit. Im 11. Jh. wurde auf dem Burgfelsen eine frühromanische Kathedrale (Weihe 1049) erbaut, um sie herum wuchs eine wehrhafte, befestigte, von Konsuln regierte Stadt, von der freilich heute bis auf wenige Reste nichts mehr vorhanden ist.

Die seit dem 12. Jh. zu Füßen des Burgbergs entstandene Neustadt, die heutige Altstadt von Nizza, übernahm mehr und mehr die Bedeutung der alten Oberstadt. Paradoxerweise war es gerade die bisherige Uneinnehmbarkeit der Oberstadt, die schließlich deren Untergang besiegelte: Die von Raymond Bérenger zur Festung ausgebaute ›Akropolis‹ wurde in den Konflikten des ausgehenden Mittelalters zum erbittert umkämpften Grenzposten der damaligen Großmächte.

Der Konflikt begann im 14. Jh. mit den **Erbstreitigkeiten**, die letzten Endes aus dem Abendländischen Schisma (1378–1417) resultierten und daraus, dass die Gräfin der Provence, **Königin Jeanne**, nicht den römischen Papst Urban VI., sondern den avignonesischen Gegenpapst Clemens VII. anerkannte. Worauf Urban sie zugunsten ihres Erben **Karl von Durazzo** ihrer Herrschaft verlustig erklärte, die gekränkte Königin jedoch ihrerseits Karl enterbte und den zweiten Sohn des französischen Königs, **Ludwig von Anjou**, zum Gouverneur der Provence bestellte.

Inzwischen hatte die Regentin von Neapel, **Margarete von Durazzo**, den **Baron von Beuil**, den ehrgeizigen Spross einer Nebenlinie des mächtigen Hauses Grimaldi, als Gouverneur der Provence eingesetzt. Dieser bat 1388 seine Herrin um Waffenunterstützung beim neuerlichen Versuch der westprovenzalischen Barone, das Land jenseits des Var unter die Herrschaft Anjous zu bringen. Dass die in Neapel in Schwierigkeiten verstrickte Regentin dieses Ersuchen ablehnen würde, war dem geschickten Taktiker von vornherein klar gewesen. So ließ er sich denn die Erlaubnis geben, sich selbst um einen Helfer zu kümmern.

Ein solcher war in der Person von **Amadeus VII.**, dem Sohn des vor Neapel verstorbenen Grafen von Savoyen, augenblicklich zur Stelle, denn die ganze Sache war sorgfältig eingefädelt, jedoch von den Stadtvätern und Bewohnern Nizzas keineswegs als gemeinsamer Schachzug des Grafen und seines Helfers erkannt worden: Der Graf erschien als

Beschützer mit dem Reichsbanner, um von seinen eigenen Ambitionen abzulenken, und schloss mit den Vertretern von Nizza einen **Beistandsvertrag**, den diese arglos unterzeichneten.

Der Vertrag räumte ihm für drei Jahre die Herrschaft über die Stadt und das zugehörige Land ein, danach sollte Nizza wieder an das Haus Durazzo zurückfallen – vorausgesetzt, dieses könne endlich die seit 1383 anstehenden Kriegsschulden bezahlen. Da dies nicht der Fall war, blieb Nizza bei Savoyen. 1419 verzichtete Königin Yolanda offiziell auf ihre Lehensansprüche, und der mittlerweile zum Herzog avancierte Graf von Savoyen erließ ihr im Gegenzug großzügig die Kriegsschulden von insgesamt 124 000 Gulden.

Die **Zugehörigkeit zu Turin**, das weit hinter den Bergen lag, brachte Nizza freilich nur Ärger und Nachteile. Zollrechtlich nun sowohl von Frankreich als auch von Genua getrennt, geriet es in eine fatale Isolation. Als 1481 die Provence endgültig an Frankreich gefallen war, wurde das stark befestigte Nizza zum feindlichen Bollwerk.

Wieder und wieder von Frankreich bestürmt, das einmal, 1543, sogar die Türken zu Hilfe geholt hatte, widerstand die Festung dennoch allen Angriffen, bis am 30. März 1691 in einem Turm der Oberstadt 2000 Pfund Pulver explodierten. Ob es sich dabei um einen Unglücksfall oder um Sabotage gehandelt hat, wurde nie geklärt.

Jedenfalls ergab sich der savoyardische Verteidiger, und Nizza hätte nun französisch werden und, wie von Vauban vorgeschlagen, seinerseits zur französischen Festung ausgebaut werden können. Ludwig XIV. gab aber die Stadt im Frieden von Turin 1696 aus taktischen Erwägungen dem Herzog von Savoyen zusammen mit allen anderen von Frankreich eroberten Besitzungen zurück. Wenig später, im Spanischen Erbfolgekrieg, wurde nun die beschädigte Festung erneut erobert. Der mit Frankreich verbündete General Berwick ließ sie 1706 – wiederum gegen den Rat Vaubans – schleifen, im Frieden von Utrecht jedoch wurde die Stadt ein weiteres Mal an Savoyen zurückgegeben.

Das Wechselspiel wiederholte sich noch einmal im Gefolge von Französischer Revolution und Wiener Kongress (damals wurde auch Genua Savoyen zugesprochen), und Nizza sah sich bald durch die neue, von Turin bevorzugte Rivalin empfindlich in den Schatten gestellt. Die Unzufriedenheit wuchs, am 14. April 1860 brachte ein **Volksentscheid** mit der überwältigenden Mehrheit von 6813 Ja- gegen 11 Neinstimmen (allerdings bei etwa 5000 Enthaltungen) den endgültigen **Anschluss an Frankreich**. Napoleon III. wurde im Triumph empfangen, und er versprach, aus Nizza eine blühende Stadt zu machen. Er hielt sogar Wort, und Nizza wurde in der Folgezeit mit Geld aus Paris zur ›Königin der Riviera‹ ausstaffiert.

Besichtigung Wir verlassen die zu einem Park umgestaltete Oberstadt mit ihren prachtvollen Aussichtspunkten und spärlichen Ruinen – entweder am Südwestende, wo es auch einen Aufzug gibt, der uns zur **Tour Bellanda** (1) mit dem **Musée naval** führt und von da zum Quai des État-Unis, oder – dies ist der im Folgenden beschriebene Weg – über die Treppen, die von der Allée Professeur Benoît/Allée François-Aragon zur Rue Rosetti hinunterführen, womit wir mitten ins lebendige, sehr italienisch wirkende Zentrum der Altstadt gelangen.

Zwischen Schlossberg und Promenade des Anglais

Die **Unterstadt** ist in den Kriegen, von denen ausführlich die Rede war, immer die leidtragende gewesen: Da die Oberstadt nicht genommen werden konnte, ließen die Angreifer an ihr ihre Wut aus. So wird verständlich, dass das Gefüge der Gassen und Plätze zwar noch immer kleinteilig-mittelalterlich, die Bausubstanz aber vorwiegend jüngeren Datums ist. Sie zeigt hauptsächlich die Züge eines von Turin und Genua beeinflussten Barock.

Dort, wo die Rue Rosetti die Rue Droite kreuzt, liegt wenige Schritte links die barocke Jesuitenkirche **St-Jacques** (2) (1607–50, nach dem Vorbild von Il Gesù in Rom, deshalb auch Église du Gésu genannt). Rechts erhebt sich mit der Hausnummer 15 einer der schönsten Paläste der Stadt: Das **Palais Lascaris-Ventimiglia** (3) wurde 1668 von Jean Baptiste, dem Neffen des Großmeisters des Malteserordens, erbaut. Die Pracht des Inneren deutet sich in der Fassadengestaltung nur eben an: Ein weites Vestibül mit offenem Treppenhaus spricht die Sprache des *Genueser Barock*, im Treppenhaus haben sich Reste der ursprünglichen Be-

Das elegante Palais Masséna mit seinem Palmengarten birgt das Stadtmuseum von Nizza

malung erhalten. *Deckengemälde*, die dem Genueser *Gian Andrea Carlone* (1639–1697) zugeschrieben werden, *Gobelins*, die nach Entwürfen von *Rubens* gefertigt wurden, sowie die im Stil des 18. Jh. eingerichteten *Prunkzimmer* lohnen den Besuch. In der 3. Etage werden Objekte von kunsthandwerklichem und lokalgeschichtlichem Interesse, aber auch Wechselausstellungen gezeigt.

Die Rue Rosetti führt weiter zur **Cathédrale Ste-Réparate** 4 (Place Rosetti). Der Bau, der seit dem 16. Jh. die Funktion einer Nachfolgerin der Kathedrale in der Oberstadt wahrnimmt, war ursprünglich die Kirche eines Priorats der Mönche von St-Pons (im Norden Nizzas gelegene Benediktinerabtei, gegründet im 8. Jh., heutige Kirche im Renaissancestil, schöne Gartenanlagen). Sie ist der hl. Reparata geweiht, einer Märtyrerin aus der Zeit des Kaisers Diokletian. Vom ursprünglichen Bau sind nur noch Mauerteile an der Ostseite des Chores zu erkennen (13. Jh.), der Rest des kuppelbekrönten, reich mit Stuck ausgestatteten Bauwerks stammt aus dem 17. Jh.

Alle Straßen, die von der Kathedrale nach Süden, zum Meer führen, leiten zur unübersehbaren **Préfecture** 5 hin, dem ehem. Schloss der Herzöge von Savoyen, die von 1718 an Könige von Sardinien waren und später Könige von Italien wurden. Der elegante Palast aus dem 18. Jh. erinnert mit der etwas eintönigen Reihung seiner schlanken ionischen Doppelsäulen ein wenig an ein Sanatorium. Zudem wird er in seiner Wirkung durch das angebaute **Palais de Justice** 6 beeinträchtigt.

Ungleich bemerkenswerter ist die im rechten Winkel an diesen Baukomplex anschließende, ganz in den Block des früheren Theatinerkonventes einbezogene **Chapelle de la Miséricorde** 7 (Besichtigung nur Di und So 15 Uhr im Rahmen von Führungen ab Palais Lascaris-Ventimiglia, Tel. 04 93 62 18 12), zweifellos Nizzas bedeutendster Kirchenbau und weit darüber hinaus ein Meisterwerk sensibler und intelligenter Barockarchitektur. Lediglich die zum Cours Saleya hin vorgeblendete Fassade lässt erkennen, dass es sich hier um eine Kirche handelt, von deren Pracht im Inneren der bewusst schlichte Außenbau wenig verrät.

Der **Innenraum** der ursprünglich dem Theatinerheiligen Cajetan geweihten Kirche, ein Werk des Guarini-Schülers *Bernardo Antonio Vittoni* (1705–1770), verrät den Einfluss des großen Turiner Meisters. Ein kuppelgewölbtes Oval ist – von außen lediglich in der leichten Schwingung der Fassade erahnbar – einem Quadrat eingeschrieben: Vier halbkreisförmige Seitenkapellen füllen die verbleibenden Ecken aus, das ganze, zweigeschossige, kostbar, aber leicht und elegant ornamentierte System bildet sich sternförmig in der bemalten stuckierten Flachkuppel ab. Alles schwingt und jubelt, doch die Dynamik des Baus ist verankert in der Rationalität einer zwar komplexen, aber stimmigen Logik.

Die einstige Theatinerkirche gehört seit 1829 der Archiconfrérie des Pénitens Noirs. Diese Bruderschaft führt ihre Ursprünge in Nizza auf die 1328 gegründete Confrérie de la Miséricorde zurück, eine Gemeinschaft, die sich vor allem der Betreuung der Pestkranken widmete. Zwei wertvolle *Bilder*, die heute in der **Sakristei** der Kirche zu sehen sind, stellen das für die Bruderschaft charakteristische Motiv der ›Vierge de la Miséricorde‹ dar, der Schutzmantelmadonna – jene schöne, innige Darstellung, die zeigt, wie alle Stände der Kirche schutzsuchend unter dem weiten Mantel Mariens Zuflucht finden. Das eine der beiden Bilder stammt von *Louis Bréa* (1485), das andere, um 1430/40 entstanden, stellt in einem dreiteiligen Retabel mit Auszug (Schmerzensmann, Heilige) und Predella (Grablegung, Osterszenen) eine höfisch-elegante, anmutig-menschliche Schutzmantelmaria zwischen die flankierenden Heiligen Cosmas und Damian sowie Sebastian und Gregor. Auffallend ist die Betonung des damals hochverehrten

Ursprünglich ein prunkvolles Palais aus Nizzas großer Zeit: das Musée Masséna

Gürtels der Madonna. Das Retabel ist ein Werk des aus Montpellier stammenden Malers *Jean Miralhet* (auch Mirailieti oder Mirailhet).

Von der Place Pierre-Gauthier gelangen wir über den berühmten **Marché aux Fleurs** ❽ und vorbei am **Théâtre de l'Opéra** ❾ (1882–85 von F. Anne) zur längsrechteckigen, vom Turiner Barock inspirierten **Place Masséna** ❿ (1843 entworfen), dem Herzen der Neustadt. Hier beginnen die Anlagen, unter denen man ab 1860 den ungeliebten, lange Zeit ungebändigten und unberechenbaren Fluss Paillon verschwinden ließ.

Die westlich des Platzes beginnende Fußgängerzone Rue Masséna führt zum **Musée Masséna** ⓫, dem Stadtmuseum von Nizza. Der Name, der uns ja nun mehrfach begegnet ist, bezieht sich auf den Enkel des Marschalls Masséna, der sich dieses Palais zwischen 1899 und 1902 von dem Pariser Architekten Thiercelin erbauen ließ. Berühmter als sein Enkel war der Großvater: Marschall André Masséna war einer jener Generäle, die zunächst zum engsten Kreis um Napoleon Bonaparte gehörten, sich später aber von diesem abwandten und auf die Seite Ludwigs XVIII. überwechselten.

Das Palais kopiert Lucien Bonapartes Villa in Govone und wurde vom Sohn des Erbauers 1918 der Stadt mit der Auflage geschenkt, die Gärten öffentlich zugänglich zu machen und im Palais selbst ein Museum der lokalen Geschichte einzurichten. Die **Sammlungen** geben einen guten Einblick in die verwirrende Geschichte der Stadt, sehenswert sind neben den heute noch zu städtischen Repräsentationszwecken benutzten Erdgeschossräumen insbesondere die Sammlungen von Malerei der Schule von Nizza (Bréa, Durandi u. a.), Keramik, Waffen, Kunstgewerbe und Volkskunst. Ein Saal erinnert an den aus Nizza stammenden Freiheitskämpfer *Giuseppe Garibaldi* (1807–1882), den Helden des italienischen Risorgimento.

Vom Musée Masséna aus sind es nur ein paar Schritte zur **Promenade des Anglais** ⓬. Viele der prachtvollen Hotels aus der Blütezeit Nizzas sind verschwunden, manche wurden durch belanglose Neubauten ersetzt. Doch gerade an dieser Stelle lohnt sich ein Blick nach rechts und nach links. Im Westen vermittelt das Nobelhotel **Négresco** noch immer zumindest einen Widerschein jener

Nachts fast ein Hauch von Las Vegas: das Prunkhotel ›Négresco‹ an der Promenade des Anglais

glanzvollen Epoche, als Englands Ladies und Lords hier im lauen Mittelmeerwinter unter Palmen und Sonnenschirmen lustwandelten. Das eigenwillig asymmetrisch gestaltete historische Gebäude mit seiner wahrzeichenhaft aufragenden Kuppel wurde 1912 von *Edouard Niermans* aus Paris erbaut. Nach Osten ist das **Palais de la Méditerranée** (ursprünglich Spielbank) als bedeutendes Beispiel einer frühen modernen Architektur zu erwähnen (Architekt Charles Dalmas aus Nizza, 1929).

Die Promenade des Anglais entstand übrigens ab 1849 als Ergebnis einer karitativen Aktion: Der englische Pastor Lewis Way ließ sie mit Kollektengeldern als Arbeitsbeschaffungsmaßnahme anlegen, um der deprimierenden Arbeitslosigkeit jener Jahre entgegenzuwirken. Zuvor hatte es hier nur einen schmalen Uferweg gegeben.

Die großen Kunstmuseen

Ein gutes Stück weiter westlich, am Hang von Les Baumettes, steht die 1875 im Genueser Stil erbaute **Villa Thompson**. Sie war im Auftrag des russischen Prinzen Koschoubey begonnen worden, der ihre Fertigstellung jedoch nicht mehr erlebte. Dieses besorgte dann der neue Besitzer, ein reicher Amerikaner namens James Thompson. 1928 gelangte die Villa in den Besitz der Stadt und berherbergt seitdem die sehr bemerkenswerten Sammlungen des **Musée des Beaux-Arts** 13. Sie bestehen aus *Gemälden und Skulpturen des 17. bis 19. Jh.* (u.a. von Rodin und Carpeaux) sowie – sehr passend in dieser Stadt, in diesem Viertel und in diesem Haus – aus *französischer Salonmalerei*, Werke jener vom Bürgertum damals hochgeschätzten akademischen Maler wie Cabanel, Carrière, Couture, Moreau und anderen, gegen die sich die ›Revolutionäre‹ der modernen Kunst, die z.T. ihre Schüler waren, wendeten. Man betrachtet diese ungemein elaborierte, technisch perfekte und schwülstig-pathetische Kunst heute, aus größerem Abstand, differenzierter als noch vor wenigen Jahrzehnten und ist nicht mehr bereit, sie unbesehen zu verurteilen.

Das Museum zeigt aber auch Arbeiten neuerer und heute geschätzterer Künstler, so u.a. *Keramiken* von Picasso und *Gemälde* von Boudin, Camoin, Degas, Monet, Renoir, Signac, Sisley und van Dongen. Bemerkenswert sind die Bestände von *Dufy* und *G. A. Mossa* – hierzu sei angemerkt, dass beiden, dem heiteren Meer-Maler aus Le Havre (Dufys Frau stammte aus Nizza und vermachte ihrer Heimatstadt den Nachlass ihres Mannes) und dem bei uns kaum bekannten, eigenwilligen Symbolisten Gustav Adolf Mossa in Nizza außerdem eigene Museen eingerichtet wurden: Das **Galérie-Musée Raoul Dufy** 14 befindet sich am Quai des États-Unis, Nr. 77, das

Treffpunkt der Freunde der Gegenwartskunst und Wahrzeichen der Stadt: das Musée d'Art Moderne et d'Art Contemporain in Nizza

Galérie-Musée Mossa ⑮ nicht weit davon an derselben Straße (Nr. 59). Der Vollständigkeit halber sei hier noch das Museum naiver Malerei, das **Musée International d'Art naïf** ⑯ erwähnt, am Ende der Promenade, Richtung Flughafen, im Ortsteil Château Ste-Hélène (Avenue Val Marie) gelegen.

Damit ist die Aufzählung der Museen jedoch keineswegs beendet. Nizza hat sich gerade in den letzten Jahrzehnten zur selbstbewussten Kulturmetropole entwickelt: Es gibt insgesamt 19 städtische Museen und Galerien – seit 1975 wurde praktisch alle zwei Jahre ein Museum erbaut oder eröffnet.

Yves Klein, ›Victoire de Samothrace bleue‹, 1962, Nizza, Musée d'Art Moderne et d'Art Contemporain

Von der Place Masséna folgt man der Promenade du Paillon. Hier schließen sich an die Anlagen des Square Leclerc die geschickt gestalteten ›hängenden Gärten‹ des Busbahnhofs an und gleich danach das Theater und das imponierende Museum für Moderne Kunst, das im Juni 1990 eröffnet wurde (Architekten des Museums und des Theaters: *Henri Vidal* und *Yves Bayard*). Weiter ›flussaufwärts‹ folgt das **Palais des Arts ›Acropolis‹** ⑰, eine Art Centre Pompidou von Nizza, ein gigantisches multifunktionales Kulturzentrum. Hier waren bis zum Bau des neuen Museums die sehr bemerkenswerten Sammlungen zur Gegenwartskunst untergebracht.

Das **Musée d'Art Moderne et d'Art Contemporain** ⑱ selbst, das einen unübersehbaren städtebaulichen Akzent setzt, steht der Bedeutung seiner Sammlungen (*Nouveaux Réalistes* wie *Arman*, *Yves Klein* und *Martial Raysse*, Fluxus mit *Ben Vautier*, *Fillion* und *George Brecht*, amerikanische Pop Art – *Warhol*, *Rauschenberg*, *Lichtenstein*, *Oldenburg*, *Rosenquist* – und Abstraktion, Colourfield-Malerei u. a. m.) und dem Anspruch hier stattfindender Ausstellungen an architektonischem Rang nicht nach. Sein Zentrum bildet eine mehrstöckige Platzanlage, die einem bedeutenden Sohn der Stadt gewidmet ist, dem in Nizza geborenen *Yves Klein* (1928–1962). Yves Klein hat die unvergleichliche Intensität des Himmels von Nizza zum Ausgangspunkt seiner überwiegend der Farbe Blau gewidmeten künstlerischen Recherchen gemacht.

Das Blau des Himmels von Nizza – die Farbe des Südens und der Ferne – ist freilich auch dominierend im Schaffen eines der populärsten Künstler unseres Jahrhunderts, des Exilrussen *Marc Chagall* (1887–1985). Man gelangt zum TOP TIPP **Musée ›Message Biblique‹ Marc Chagall** 19 vom Musée d'Art Moderne aus über einige verschlungene Wege oder den Autotunnel Malraux, sinnigerweise benannt nach de Gaulles bedeutendem Kulturminister, der nicht nur das Chagall-Museum begründet, sondern sich ganz generell für eine Politik der kulturellen Dezentralisation eingesetzt hat – für die kulturelle Aufwertung der französischen Provinz.

Ganz im Sinne des Humanisten Chagall ist es, dass dieses Museum Treffpunkt sein soll für Menschen aller Altersstufen, Konfessionen und Nationen und als eine Begegnungsstätte der Brüderlichkeit dazu beitragen soll, »die Welt der Liebe mit neuen Farben« aufzubauen. So hat er es bei der Eröffnung des Hauses auch ausgesprochen.

Kunstwerke verschiedenster Völker sollen hier gezeigt, Musik und Dichtung unterschiedlichster Kulturen zu Gehör gebracht werden. Dem Konzept Chagalls entspricht das reiche Veranstaltungsprogramm des Museums, dessen Studienräume und Bibliothek von den Besuchern benutzt werden können.

TOP TIPP Cimiez 20

Vom Chagall-Museum sind es noch knapp 1,5 km zu den **Ausgrabungsstätten** des Hügels von Cimiez. Schnurgerade führt der breite, 1866 angelegte **Boulevard de Cimiez** in die einstige Römerstadt, die zum neuen Prominentenviertel ausgebaut wurde. Der Boulevard geriet zur Bühne, auf der man die Großen der Welt auf- und abfahren sah, das französische Kaiserpaar und Königin Viktoria, den Prinzen von Wales und den Herzog von Mountbatten, Könige und Großherzöge, Fürsten und Grafen aus ganz Europa.

Ein wenig vom changierenden Glanz dieser Epoche kann man noch nachempfinden angesichts der pompösen Hotels und Residenzen, die damals gebaut wurden und zum Großteil in Cimiez noch erhalten sind. Sie entschädigen ein wenig dafür, dass im Zentrum von Nizza doch allzu viel Architektur des 19. Jh., zum Teil erst in jüngster Zeit, der Spitzhacke zum Opfer gefallen ist.

Auch das **Monastère de Cimiez** am Osthang des Hügels passt in dieses Bild,

Bunte Bibel – Chagall in Nizza

Marc Chagall, der sich von 1941 bis 1947 in Amerika aufgehalten hatte, ließ sich 1949 in St-Paul bei Vence nieder. Dort entstand zwischen 1954 und 1967 eine Serie großer **Bilder zur Bibel**, *die eigentlich für die Chapelle du Rosaire in Vence bestimmt waren. Bald allerdings erkannte Chagall, dass diese Bilder den vorgegebenen Rahmen gesprengt hätten. André Malraux konnte den Künstler dafür gewinnen, seine Bibelbilder dem Staat zu überlassen. Im Gegenzug sollte ein* **Nationalmuseum** *gebaut werden, wofür man eine Stiftung gründete. Chagall erweiterte die geplante Schenkung noch, sie blieb aber auf das Bibelthema konzentriert.*

Das Musée ›Message Biblique‹ Marc Chagall, das auch architektonisch und in seiner Einbindung in die Landschaft als bemerkenswert gut gelungen zu bezeichnen ist (Architekt: André Hermant), umfasst heute über 450 Arbeiten, davon rund 200 vorbereitende Skizzen zu den großen Ölbildern, außerdem Lithographien, Skulpturen, einen Wandteppich, ein Mosaik und zwei große Glasfenster sowie ein bemaltes Cembalo.

erhielt die im 16./17. Jh. erbaute schlichte Franziskanerkirche (barocker Portikus von 1662) doch 1845 eine kulissenartig herausgeputzte neugotische Fassade. Das Kloster geht auf eine Filialkapelle der Benediktiner zurück, die zu deren Kloster im nördlichen Stadtteil St-Pons gehörte. Dorthin, nach St-Pons, hatte man den Leichnam des in Cimiez gestorbenen Märtyrers gleichen Namens gebracht, der an der Stelle des heutigen Klosters, in einer der fünf Nekropolen von Cemenelum, begraben worden war.

Die Klosterkirche **Notre-Dame-de-l'Assomption** in Cimiez ist besuchenswert vor allem wegen dreier Werke der *Schule von Nizza*: Das älteste bisher bekannte Werk des Hauptvertreters dieser Schule, *Louis Bréa*, datiert 1475, ist das klar komponierte, ausdrucksstarke Triptychon einer Beweinung Christi mit flankierenden Heiligen, Martin und Katharina, und klagenden Engeln in der südöstlichen Kapelle. Vom selben Meister, aber 40 Jahre später entstanden, ist das Kreuzigungsretabel von 1512; das dritte Bild, eine Kreuzabnahme, wird dem Bruder des Louis Bréa, Antonio, zugeschrieben.

Was nun die Römerstadt betrifft, deren Geschichte ja bereits kurz erzählt wurde, so sind die eindrucksvollsten Reste sicher die der **Thermen**, bei denen es sich um einen Komplex von drei verschiedenen Anlagen handelt, die wohl, der Mauertechnik nach zu schließen (wechselnde Lagen von Ziegel- und Haustein), aus dem 3. Jh. n. Chr. stammen. Vermutlich handelte es sich um die sog. Magistratsthermen (im Norden; am besten erhalten ist das Kaltwasserbecken, das Frigidarium) sowie um je eine Thermenanlage für Männer (Süden) und Frauen (Westen). In die letztere wurde im 5. Jh. unter Verwendung der vorhandenen Mauern, eine *Kathedrale* gebaut, deren Apsis und Taufbecken (Baptisterium) noch gut zu erkennen sind. Bischof von Cemenelum war damals der vom hl. Honoratus gesandte hl. Valerian, jedoch wurde bereits 466 der Bischofssitz wieder aufgehoben bzw. mit dem von Nizza zusammengelegt.

Westlich der Thermen, wie üblich am (damaligen) Stadtrand, befand sich das **Amphitheater** (Les Arènes). Es ist mit 67 u 56 m eines der kleinsten in Gallien. Allerdings wurde es zweimal vergrößert und bot zum Schluss etwa 5000 Zuschauern Platz.

Die **Villa des Arènes** stammt aus dem 17. Jh. und ruht auf römischen Fundamenten, vermutlich denen des Castrum divisorium des Aquädukts von Mouraille, d. h. der Verteilerstation, in der das Wasser der 5 km entfernten Quelle Tornéo, das über einen Aquädukt nach Cimiez geführt wurde, zu den verschiedenen Verbraucherstellen, u. a. den Magistratsthermen, geleitet wurde.

Die Villa gehörte den Grafen Garin von Coconato, die im Umkreis Grabungen anstellten, um mit dem Gefundenen ihre Privatsammlung zu ergänzen. Erst 1954 begann man mit systematischen Grabungen. 1972 wurde im Erdgeschoss

Henri Matisse, ›Odalisque au coffret rouge‹, 1926, Musée Matisse, Nizza

Alexander Calders monumentale Skulptur steht vor dem Museum für Moderne Kunst. Gleich gegenüber: das Theater von Nizza

der Villa ein archäologisches Museum eröffnet, das im Obergeschoss durch ein Matisse-Museum ergänzt wurde. Inzwischen haben beide Museen geschickt und dezent ihrer Umgebung ein- (nicht an-) gepasste Neubauten erhalten, funktionale Architekturen von durchaus auch repräsentativem und architektonischem Rang.

Das **Musée Archéologique**, konzipiert von Wladimir Mitrofanoff, enthält – mit Blick auf die Ausgrabungen – Funde, die hier, aber auch in der gesamten Region gemacht wurden, so u. a. eine prachtvoll ziselierte Silberschale aus Èze (4. Jh. v. Chr.) und die etruskischen und griechischen Vasen der Sammlung Campana. Insgesamt reichen die Bestände von der Bronzezeit bis ins Mittelalter.

Das 1993 eröffnete **Musée Matisse** (Architekten: Bodin, Chevalier und Del Furia) ist diskret mit der erwähnten Villa verbunden, in der bereits 1963 eine kleine, inzwischen beträchtlich erweiterte Kollektion zu sehen war. 1938 hatte sich *Henri Matisse* (1869–1954) im benachbarten Hotel Régina Palace ein Atelier eingerichtet; auch seinen Lebensabend verbrachte er in Cimiez. Seine Lebensgefährtin Amélie Bareyre realisierte einen Gedanken ihres Mannes, der die Stiftung eines Matisse-Museums erwogen hatte, erlebte aber dessen Eröffnung nicht mehr.

Vom Gesamtbestand (insgesamt 68 Bilder, 57 Skulpturen – das Museum besitzt fast das gesamte plastische Werk –, 236 Zeichnungen, u. a. zur Kapelle von Vence, 218 druckgraphische Arbeiten, 14 illustrierte Bücher, 95 Fotografien sowie 187 Objekte aus Matisses persönlicher Sammlung) wird eine sehr qualitätvolle Auswahl gezeigt. Sie gibt einen Überblick über die Entwicklung des großen Koloristen und Zeichners – von postimpressionistischen Anfängen über die von ihm mit initiierte Phase des Fauvismus (seit 1905) bis hin zu den orientalisierend-ornamentalen Odalisken der 20er-Jahre und den plakativen Verdichtungen des Spätstils. Wechselausstellungen ergänzen die Präsentation.

Praktische Hinweise

Information: Office de Tourisme, av. Thiers, Tel. 04 93 87 07 07, Fax 04 93 16 85 16 und Promenade des Anglais, Tel. 04 93 87 60 60, Fax 04 93 82 07 99.

Markt: Jeden Vormittag (außer Mo), Fischmarkt auf der Place St-François, Blumenmarkt am Cours Saleya.

Öffentliche Verkehrsmittel: Nizza ist ein guter Ankunfts- und Ausgangsort für Bahnreisen. Nebenstrecken führen ins reizvolle Roya-Tal sowie von der Gare du Sud (place de Gaulle, 500 m

nördlich vom Hauptbahnhof) in die Hochprovence. Von dem mit seinen ›hängenden Gärten‹ ohnehin sehenswerten Busbahnhof (Gare routière, bd Jean-Jaurès) gibt es zahlreiche gute Verbindungen in alle Richtungen.

Flughafen: Tel. 04 93 21 41 11, Fax 04 93 21 44 50, 7 km vom Stadtzentrum entfernt.

Museen

Monastère de Cimiez: place du Monastère, Tel. 04 93 81 00 04 und 04 93 81 55 41; Bus 15, 17, 20, 22, tgl. außer So und Fei 10–12, 15–18 Uhr.

Galerie-Musée Raoul Dufy: 77, quai de États-Unis, Tel. 04 93 62 31 24, Di–Sa 10–12, 14–18, So 14–18 Uhr.

Galerie-Musée Mossa: 59, quai des États-Unis, Tel. 04 93 62 37 11, Di–Sa 10–12, 14–18, So 14–18 Uhr.

Musée Archéologique: 160, av. des Arènes, Tel. 04 93 81 59 57, Zugang von der av. Montecroce; Bus 15, 17, 20, 22, Haltestelle: Arènes. 1.4.–30.9. Di–Sa 10–12, 14–18 Uhr, 1.10.–31.3. Di–Sa 10–13, 14–17 Uhr. So vormittags und Nov. geschl.

Musée d'Art Moderne et d'Art Contemporain: promenade des Arts, Tel. 04 93 81 08 08; Bus 3, 4, 5, 7, 9, 10, 16, 17, 25. Mi–Mo 11–18, Fr bis 22 Uhr.

Musée des Beaux-Arts (Musée Jules-Chéret): 33, av. des Baumettes, Tel. 04 92 15 28 28; Bus 3, 7, 12, 18, 22, 38. Di–So 10–12, 15–18, Winter Di–So 14–17 Uhr.

Muséum d'histoire naturelle, 60 bis, bd Risso, Tel. 04 93 55 15 24; Bus 1, 3, 4, 5, 14, 17. Mi–Mo 9–12, 14–18 Uhr.

Musée International d'Art naïf: Château Ste-Hélène, av. Val-Marie, Zugang von der av. de Fabron, Tel. 04 93 71 78 33; Bus 9, 10, 12, Haltestelle: Fabron. 1.10.–30.4. Mi–Mo 10–12, 14–18 Uhr.

Musée Masséna: 65, rue de France, Tel. 04 93 88 11 34, Di–So 10–12, 15–18, Winter Di–So 14–17 Uhr.

Musée Matisse: 164, av. des Arènes de Cimiez, Tel. 04 93 81 08 08; Bus 15, 17, 20, 22, Haltestelle: Arènes. 1.4.–30.9. Mi–Mo 10–19 Uhr, 1.10.–31.3. Mi–Mo 10–17 Uhr.

◁ *Nissardisches Allegro: La vie est belle!*

Musée National ›Message Biblique‹ Marc Chagall: Cimiez, av. du docteur-Ménard, Tel. 04 93 53 87 20, Juli–Sept. Mi–Mo 9–19, sonst. Mi–Mo 10–12.30, 14–17.30 Uhr.

Musée naval: Tour Bellanda, Schlosspark, Tel. 04 93 80 47 61. 1.10.–31.5. Mi–Mo 10–12, 14–17 Uhr, Mitte Nov.–Mitte Dez. geschl.

Musée de Terra Amata: 25, bd Carnot, Nähe Hafen, Tel. 04 93 55 59 93; Bus 1, 2, 7, 9, 10, 20, Haltestelle: Port. Di–So 10–12, 14–18 Uhr.

Palais Lascaris: 15, rue Droite (Altstadt), Tel. 04 93 62 05 54; Bus 1, 2, 3, 5, 6, 14, 16, 17, Haltestelle Lycée, tgl. außer Mo und Nov. 9.30–12, 14.30–18 Uhr.

Hotels

TOP TIPP **Négresco**, 37, promenade des Anglais, Tel. 04 93 16 64 00, Fax 04 93 88 35 68. Das fast schon legendäre Prunkhotel Nizzas ist ein pompöser Palast im historistischen Stil, eingerichtet mit kostbaren Möbeln aus dem 17., 18. und 19. Jh. Von den beiden Restaurants ist das *Chantecler* mit zwei Michelin-Sternen ausgezeichnet (12.11.–20.12. geschl.).

Acanthe, 2, rue Chauvin, Tel. 04 93 62 22 44, Fax 04 93 62 29 77. Günstig gelegenes (Nähe Busbahnhof und Altstadt) und preiswertes Hotel.

Gourmet Lorrain, 7, av. Santa Fior, Tel. 04 93 84 90 78, Fax 04 92 09 11 25. Nettes kleines Hotel mit gutem Restaurant, etwas außerhalb des Zentrums (So abends und Mo sowie 15.7.–15.8. geschl.).

Jugendherberge

Auberge de Jeunesse, route forestière du Mont-Alban, Tel. 04 92 04 03 10 (Bus ab Bahnhof bis Boulevard Jean-Jaurès, dann Bus 14).

Restaurants

Confiserie-Patisserie Auer, 7, rue François-de-Paule (gegenüber der Oper). Traditionelle, feine Confiserie mit Salon de Thé, Jugendstileinrichtung.

Don Camillo, 5, rue de Ponchettes, Tel. 04 93 85 67 95. Bemerkenswerte regionale Küche (So und Mo mittags geschl.).

Le Florian, 22, rue A.-Karr, Tel. 04 93 88 86 69. Gepflegte Küche in edlem Ambiente (Sa mittags und So geschl.).

Zum Nationalpark Mercantour – im Bann der Berge

Vor der letzten Etappe unserer Küstenreise sei noch einmal eine weitere Fahrt in die Berge eingeschoben, für die man mindestens zwei Tage braucht, die aber nach Belieben variiert, verlängert oder verkürzt werden kann. Der Zugang ist ebenso von Vence, Menton oder auch von Ventimiglia aus möglich. In jedem Fall führt dieser Ausflug in eine andere Welt: in die Welt imponierender, bis zu Höhen um 3000 m aufragender Alpengipfel, in die ›Suisse Niçoise‹, die beherrscht wird vom gewaltigen **Massiv des Mercantour**. Er führt in einsame, teils fast ausgestorbene, teils reanimierte Bergdörfer und zu bemerkenswerten architektonischen und künstlerischen Kostbarkeiten. Wir starten westlich von Nizza, am Flughafen Nice-Côte d'Azur, und folgen der viel befahrenen und gut ausgebauten N 202, die das **Var-Tal** hinaufführt, biegen dann nach Osten ab in das **Vésubie-Tal**, zu den Gorges de la Vésubie.

29 Madone d'Utelle

Marienheiligtum in den Bergen.

Inmitten einer faszinierenden Bergwelt liegt auf 1174 m Höhe einer der in dieser Region zahlreichen, der Gottesmutter geweihten und auf vorchristliche Kulte zurückweisenden Orte, an denen man sich offensichtlich seit Urzeiten dem Himmel besonders nahe fühlt. Die Aussicht von der im 19. Jh. erneuerten Kapelle Madone d'Utelle ist überwältigend – sie umfasst das gesamte Panorama der Seealpen, der Alpes Maritimes.

Utelle, das man zuvor durchquert, besitzt eine reich ausgestaltete, dem hl. Veranus (Bischof von Carpentras) im 6. Jh. geweihte **Kirche** (17. Jh.), die in ihren unteren Teilen noch aus dem 14. Jh. stammt. Beachtung verdienen vor allem die geschnitzten *Türflügel* von 1542 mit Szenen aus dem Leben des Kirchenpatrons sowie das qualitätvolle *Verkündigungsretabel*, das ein unbekannter Meister Anfang des 16. Jh. schuf.

30 St-Martin-Vésubie

Zentrum für Alpinismus und Wintersport.

Man beachte, wie sich der Baustil der Häuser von St-Martin-Vésubie gegenüber den Villages perchés des Küstenhin-

Die grandiose Bergwelt von Utelle ▷

terlandes geändert hat, und versäume nicht, die **Kapellen der Schwarzen und der Weißen Büßer** zu besuchen. Insbesondere aber lohnt sich ein Gang zur kostbar ausgestatteten, 1130 erstmals erwähnten Pfarrkirche **Mariä Himmelfahrt** (1.6.–15.9. tgl. 8–19 Uhr, Tel. 04 93 03 23 24). Ihr heutiges Aussehen datiert von 1694, mit ihrem schönen romanischen Turm, ihrer barocken Fassade und dem reich geschnitzten und vergoldeten *Rosenkranzretabel* von 1697. In der zweiten Seitenkapelle links sind *zwei Retabelflügel* von *Louis Bréa* hervorzuheben: Sie stellen die Heiligen Johannes Evangelist, Petronilla, Petrus und Martin dar. Prachtvoll auch der *Prozessionsbaldachin* mit der romanischen Statue einer thronenden Maria, die alljährlich am 2. Juli in feierlicher Prozession zum Heiligtum der **Madone de Fenestre** hinaufgetragen wird und dort bis Ende September bleibt.

Dieses Heiligtum, auf 1903 m Höhe

Louis Bréa, Detail der ›Geburt Christi‹ (Maria), 1595, Stiftskirche St-Martin in La Brigue

Ländliche Idylle im Vésubie-Tal

Im ruhigen Hinterland – wie hier in Sospel – bleibt immer Zeit für einen Plausch

am Ende einer weit in die Bergwelt hinaufführenden Straße gelegen, verdankt seinen Namen nicht dem grandiosen Ausblick auf die umgebenden Dreitausender, sondern, nicht minder nachvollziehbar – einer volksethymologischen Umdeutung des lateinischen ›Finis Terrae‹: Das Heiligtum befindet sich buchstäblich am Ende der Welt. Wahrscheinlich wurde es an der Stelle eines Jupiterheiligtums errichtet, jedenfalls gehörte es dem Bischof von Nizza, wurde 1136 von Templern betreut, unterstand zuvor der Obhut der Benediktiner. Die heutigen Gebäude wirken ebenso unattraktiv wie zeitlos. Die Kapelle, mehrfach verändert, geht auf das 12. Jh. zurück, ihre bescheidene Ausstattung ist barock – bis auf das eindrucksvolle *Gnadenbild*, das, wie bereits erwähnt, den Winter in St-Martin zubringt.

Praktische Hinweise

Information: Office de Tourisme, place F.-Faure, Tel. 04 93 03 21 28, Fax 04 93 03 60 01

Wandertouren

Bureau des Guides de la Haute Vésubie, rue Cagnoli, Tel. 04 93 03 26 60 und Escapade, Tel. 04 93 03 31 32, 10.30–12.30, 16–20 Uhr.

Hotel

Edward's et Châtaigneraie, allée de Verdun, Tel. 04 93 03 21 22, Fax 04 93 03 33 99. Mit bemerkenswertem Park; ohne Restaurant (Juni–Sept.).

31 Sospel

Mittelalterliche Brücke und barocke Kathedrale.

Sospel liegt an einem wichtigen Flussübergang. Die **Brücke** (11. Jh.) über die Bévéra bestimmt entscheidend das Stadtbild. Ein Kleinod ist die **Place St-Michel** mit ihrem farbigen Pflaster und den umgebenden Arkadengängen. Die prachtvolle, italienisch anmutende Fassade der 1642 erbauten ehem. **Kathedrale** (Turm 11. Jh.) verspricht nicht zuviel: Das *Innere* hat einiges zu bieten – als großzügige, gut proportionierte Architektur (kreuzförmiger Grundriss mit Vierungskuppel) ebenso wie im Hinblick auf die reiche, einheitliche *Ausstattung*, z. B. den ba-

Die mittelalterliche Brücke über die Bévéra ist das Wahrzeichen von Sospel. Im Hintergrund der Col de Braus

rocken Hochaltar. In der Kapelle links neben dem Chor sieht man die *Louis Bréa* zugeschriebene ›Immaculata‹, cin Marmortaufbecken mit reich geschnitztem und vergoldetem Holzdeckel und eine Orgel der Gebrüder Agati von 1843.

Praktische Hinweise

Information: Office de Tourisme, Le Vieux Pont, Tel. 04 93 04 15 80, Fax 04 93 04 19 96

Hotel

Auberge Provençale, route Col de Castillon, Tel. 04 93 04 00 31, Fax 04 93 04 24 54. 1,5 km vom Stadtzentrum entfernt, schön gelegenes Hotel mit Aussicht und erfreulicher Küche; Spezialitäten: Mangoldtorte, Forelle. (Hotel 11. 11.–11. 12. geschl., Rest. Do mittags und Okt.–März geschl.).

Restaurant

Auberge du Point Vieux, 8, av. Jean Médecin, Tel. 04 93 04 00 73. Einfaches, aber gutes und preiswertes Lokal im Stadtzentrum.

TOP TIPP 32 Saorge

Faszinierende Einheit von Landschaft und Architektur.

Saorge ist in jedem Fall eine Reise wert. Die kleine, typisch **ligurische Bergstadt** ist sogar mit der Bahn zu erreichen; erfreulicherweise wurde die ebenso kühne wie malerische *Roya-Tal-Strecke* vor einigen Jahren wieder in Betrieb genommen. Hoch auf dem Felsen drängt und entfaltet sich der Ort wie ein Amphitheater, Architektur kristallisiert sich aus dem gewachsenen Stein, Gänge, Treppen, Bögen, Gassen, Kuben, Dächer, Türme bilden einen komplexen, in jeder Hinsicht aber stimmigen Organismus.

Die **Pfarrkirche** repräsentiert den in dieser Gegend häufigen, italienisch anmutenden Typ einer hallenartigen *Säulenbasilika*, italienisch ist auch die Orgel (1847, Brüder Lingiardi), italienisch sind die Details der barocken Ausstattung. Man möge freilich den Begriff ›italienisch‹ nicht auf die historische Goldwaage legen: Hier dient er lediglich dazu, die Andersartigkeit des Kulturkreises anzu-

deuten, den wir nun betreten haben. Nicht mehr Marseille oder Aix, sondern Genua und Turin geben den Ton an.

Ein schöner Spaziergang mit reizvollen Ausblicken auf die bunt glasierten Turmhelme der Kirchen und Oratorien (Schwarze und Weiße Büßer) führt an Ölbäumen vorbei zur bewegten Rokokofassade der früheren **Kapuzinerkirche** (Sa 14–16, So 10–12 und 14–16 Uhr). Im zweigeschossigen *Kreuzgang* wird die Legende des Ordensgründers Franziskus erzählt. Über Beichtraum und Sakristei gelangt man in den hinter dem durchbrochenen Hochaltar gelegenen *Chor* – eine für Kirchen dieses Ordens charakteristische Anordnung. In der Kirche, deren kreuzförmiger Grundriss einem Rechteck einbeschrieben ist, sind die *Beichtstühle* bemerkenswert: der eine trägt im ›Obergeschoss‹ die Kanzel, der andere eine Darstellung der Geißelung Christi.

Nicht weit von hier, etwas hangabwärts, steht unübersehbar eine erstaunlich rein erhaltene romanische Kirche lombardischen Typs mit hohem, schlankem Campanile und schön gestaffelter Apsidengruppe, die **Chapelle de la Madone del Poggio**. Sie enthält wertvolle *Wandmalereien*, ist aber, da profaniert und in Privatbesitz befindlich, nur nach Voranmeldung zugänglich. Weiter flussaufwärts, bei *St-Dalmas-de-Tende*, führt eine kleine Straße ins Tal der Wunder, die **Vallée des Merveilles**. Berge, die zwischen 2000 und 3000 m hoch aufragen, spiegeln sich in kristallklaren Seen. Rund 35 000 außerordentlich beeindruckende prähistorische Felszeichnungen haben dieses Tal berühmt gemacht. (Auskunft: Bureau des Guides de la Vallée des Merveilles, B.P. 12, Tende, Mi–So 9–12, 15–18 Uhr, Tel. 04 93 04 77 73.)

Praktische Hinweise

Information: Mairie, Tel. 04 93 04 51 23

Unterkunft

Wanderherberge, Gite Bergiron, 10 Min. zu Fuß hinter dem Kloster, Tel./Fax 04 93 04 55 49

Restaurant

Hôtel Bellevue, rue Revelli, Tel. 04 93 04 51 37. Stimmungsvolles Restaurant mit prächtiger Aussicht und einigen Fremdenzimmern. Durchschnittliche Küche (1.–15. 6, 1.–10. 9 sowie Di abends und Mi geschl. außer Juli/Aug.).

33 Tende

Einstmals ein wichtiger Militärposten an der Straße zwischen Turin und Nizza.

Tende ist ein malerisches Bergdorf nahe der italienischen Grenze, dessen Bild durch die Türme einer 1692 zerstörten Burg bestimmt wird. Die Eisenbahnstrecke Nizza–Tende (tgl. 5 Verbindungen) wurde vor einigen Jahren wieder in Betrieb genommen. Lohnend ist der Besuch der *Kirche Ste-Marie-des-Bois* mit ihrem Renaissanceportal. Das Innere ist spätgotisch mit barocker Ausstattung.

La Brigue, auf dem Weg zur Kapelle Notre-Dame-des-Fontaines [s. Nr. 34], weist eine interessante Kirche auf: Die romanisch-lombardische ehem. Stiftskirche *St-Martin*, eine dreischiffige Basilika des 13. Jh. mit Portalen von 1234 und 1576, einer ›Geburt Christi‹ von *Bréa* [Abb. s. S.105] und einem Rosenkranzretabel des 18. Jh., außerdem Oratorien mit reizvollen barocken Fassaden. Eines davon, das Oratorium der Pénitents Blancs, 1730 erbaut, ist heute Museum.

Praktische Hinweise

Information: Office de Tourisme, Tel. 04 93 04 62 64

Hotels

La Prieuré, Tel. 04 93 04 75 70, Fax 04 93 04 71 58. Das angenehme Hotel in einem ehem. Kloster wird von einer gemeinnützigen Organisation betrieben (Arbeitsplätze für Behinderte). Gute, regionaltypische Küche (1. 11.–1. 4. geschl.).

Le Terminus, Tel. 04 93 04 96 96. Gegenüber dem Bahnhof gelegen, preiswert, mit einfacher, aber guter Küche (Dez.–April geschl.).

in La Brigue

Mirval, Tel. 04 93 04 63 71, Fax 04 93 04 79 81. Empfehlenswertes Hotel mit Restaurant und schöner Aussicht (April–Okt. geöffnet).

TOP TIPP

34 Notre-Dame-des-Fontaines

Die Bilderbibel des Giovanni Canavesio.

Ein Höhepunkt ganz besonderer Art ist der Besuch der Kapelle Notre-Dame-des-Fontaines (Ostern bis Allerheiligen

◁ *Hoch über dem Roya ›klebt‹ Saorge am Hang – ein einmaliger Einklang von Natur und Architektur*

Drastisches aus der Bilderbibel des Jean Canavesio in Notre-Dame-des-Fontaines: der Tod des Judas

tgl. 8–19 Uhr; sonst ist der Schlüssel im Rathaus von Brigue erhältlich). Vier Kilometer außerhalb von La Brigue gelegen, über sieben Quellen errichtet, beherbergt das seit dem 14. Jh. nachweisbare, mit Sicherheit aber ungleich ältere Heiligtum den größten **Freskenzyklus** Südfrankreichs. Malereien von hoher Qualität, 1492 ausgeführt von dem Priestermaler *Jean (oder Giovanni) Canavesio*, überziehen als eindrucksvolle, sehr lebendige ›Bilderbibel der Armen‹ (Biblia pauperum) alle Wände – vergleichbar in Umfang und Art der Anordnung den Malereien der freilich älteren Arenakapelle Giottos in Padua.

Es lohnt, diesen ungemein erzählfreudigen Zyklus Motiv für Motiv zu betrachten: Die Bilderreihe beginnt an der **Chorwand über dem Triumphbogen rechts** mit der Begegnung Joachims und Annas an der goldenen Pforte, links folgt Mariä Geburt, dazwischen sind Tempelgang und Verlobung Mariens dargestellt.

In den **Zwickeln des Triumphbogens**, an exponierter Stelle, wird auf die entscheidende Begegnung von Himmel und Erde verwiesen: Dargestellt ist die Verkündigung, links (von oben) folgen Geburt Christi, Anbetung der Könige und der Bethlehemische Kindermord, rechts Beschneidung, Flucht nach Ägypten und Darbringung im Tempel.

Das **Langhaus** ist der Passion gewidmet. Vom Chor her rechts, obere Reihe: Einzug Jesu in Jerusalem, Abendmahl, Fußwaschung, Verhandlung des Judas mit den Hohepriestern, Ölberg, Judaskuss, Jesus vor Hannas. Untere Reihe, von links: Kaiphas, Geißelung, Verspottung, Jesus vor Pilatus, Dornenkrönung, Jesus vor Herodes, Jesus im Purpurmantel.

Diese sehr ausführliche und anschauliche Passionsschilderung wird auf der **linken Wand**, vom Eingang aus, fortgesetzt. Diesmal stehen die Szenen der oberen und der unteren Reihe in enger Beziehung zueinander. Von links nach rechts: Dornenkrönung (oben), Pilatus wäscht seine Hände in Unschuld (unten). Ecce Homo (oben), Kreuztragung (unten), Judas geht und wirft das Geld in den Tempel (oben), Jesus fällt unter dem Kreuz (unten). Der Selbstmord des Judas wird in denkbar drastischer Weise an zentraler Stelle vor Augen geführt – sicher nicht von ungefähr in unmittelbarer Nähe konfrontiert mit dem Kreuzestod Christi, der zwei ›Stockwerke‹ einnimmt – seliger und unseliger Tod.

Das offensichtlich didaktisch-psychologisch ausgerichtete Programm endet mit Kreuzabnahme und Grablegung (oben), Auferstehung und Abstieg Christi in die Vorhölle (unten) sowie einem dramatischen und detailreichen Jüngsten Gericht auf der **Eingangswand**.

Ewige Seligkeit wird im **Chor** exemplarisch vergegenwärtigt mit Darstellungen des Marientodes und der Aufnahme Mariens in den Himmel – der Kreis zum Beginn des Bilderzyklus' schließt sich. Diese Fresken stammen von *Jean Baleison* und wurden erst 1959 freigelegt.

Angemerkt sei noch, dass es in dieser entlegenen Bergwelt zwischen Var und Roya zahlreiche uralte und malerische **Bergdörfer** gibt, in denen sich z.T. beachtliche Kunstwerke, z.B. das Retabel von François Bréa in **Châteauneuf-d'Entraunes** und die Verkündigung von Louis Bréa in **Lieuche**, erhalten haben, von den landschaftlichen Schönheiten ganz zu schweigen.

Von Nizza nach Menton – Traumstraßen an der Küste

Die Straßen, die von Nizza nach Menton führen, sind überwältigend. Jede der drei faszinierenden **Corniches** hat ihren eigenen Reiz. Die unterste führt großenteils direkt am Strand entlang, die mittlere durch die uralten Städtchen, die auf den Höhen errichtet wurden, die obere bietet faszinierende Ausblicke. Noch weiter im Norden, Windungen immer wieder durch Tunnel abkürzend, ergänzt die *Autoroute du Soleil* dieses Straßentrio zum Quartett. Gegensätze prägen das Bild: Blaue Buchten und weiße Strände, Blüten und Palmen, antike Monumente und mittelalterliche Bergnester, Museen und Gourmet-Tempel, stille Gärten und überfüllte Strände. Dazwischen, lärmend und zubetoniert: ein glitzerndes ›Mini-Hongkong‹, der Operetten-Staat **Monaco**.

TOP TIPP

35 Villefranche-sur-Mer

Cocteaus Kapelle der Fischer.

Wir verlassen Nizza über die Untere Corniche, *Corniche Inférieure*. Das kleine, malerische Villefranche zwischen Mont Boron und Cap Ferrat war aufgrund seiner natürlichen Bucht schon im Altertum ein wichtiger **Hafenplatz**. Die Ligurer, die hier ansässig waren, pflegten lebhafte Handelsbeziehungen mit den Griechen, die jenseits der Bucht, auf dem Cap Ferrat, siedelten.

Vor den anstürmenden Sarazenen flüchteten sich die Bewohner auf den Hügel von St-Michel, wo bereits die Ligurer zum Schutz ihres Hafens ein Castrum errichtet hatten. Der Hafen wurde erst Ende des 13. Jh. zu neuem Leben erweckt. Damals beschloss Karl II. von Anjou, ihn zu seinem Stützpunkt in der Provence auszubauen. Die Bewohner wurden mit der Zusicherung von Steuerfreiheit – daher der neue Ortsname Villefranche (Freistadt) – bewogen, sich wieder an der Küste anzusiedeln.

›Traumstraßen der Welt‹: die Corniches der Côte d'Azur gehören dazu

Jean Cocteau schmückte die Fischerkapelle von Villefranche mit Szenen aus dem Leben des hl. Petrus. Hier: ›Die Verleugnung des Petrus‹

Fortan spielte Villefranche (oder Villafranca) eine wichtige **strategische Rolle**: Von hier aus organisierten Frankreich und Savoyen ihren Krieg gegen Genua, hier ließen sich – vorübergehend – die Johanniter nieder, als sie 1525 von Rhodos vertrieben wurden. 1557 ließ Herzog Emmanuel-Philippe von Savoyen den Ort als Hafen und Festung ausbauen.

In der Festung sind heute zwei recht persönliche Künstlermuseen untergebracht: Das **Musée Volti** mit Arbeiten des aus Villefranche stammenden, gleichnamigen Künstlers und das **Musée Goetz-Boumeester** (beide: Juli/Aug. tgl. 9–12, 15–18, Sept.–Juni 10–12, 14–17 Uhr), dessen rund 100 Werke eine Schenkung des 1909 geborenen Malers Henri Goetz und seiner Frau Christine Boumeester sind. Zu sehen sind vorwiegend Werke ihrer Künstlerfreunde Picasso, Miró, Hartung u. a.

Sehenswert sind in Villefranche die **Rue Obscure**, die gedeckte Straße, die unter den Häusern der Altstadt hindurchführt, und die unscheinbare, aus dem 14. Jh. stammende, lange nicht mehr benutzte Hafenkapelle **St-Pierre** (Frühling Di–So 9.30–12, 15–19 Uhr, Sommer Di–So 10–12, 16–20.30 Uhr, Herbst/Winter Di–So 9.30–12, 14–18 Uhr, 15.11.– 15.12. geschl.), die der Multi-Künstler **Jean Cocteau** (1889–1963) 1957 mit leichter Hand ausgestaltet und dem Kult des Fischerheiligen Petrus zurückgegeben hat. Wahrscheinlich ließ sich Cocteau davon inspirieren, dass auch seine nicht minder atheistischen Künstlerkollegen Matisse und Picasso Kirchen ausgemalt hatten.

Cocteaus Duktus ist jugendstilhaft ornamental. Mit einfachen, dekorativen Motiven akzentuiert er fantasievoll die architektonischen Formen, die sich, wie in der Provence häufig, auch im 14. Jh. noch an der romanischen Tradition orientieren. Die großen Wandfelder bieten sich für szenische Darstellungen an. Im Vorraum erinnert Cocteau an die Mädchen von Villefranche (links) und die Zigeuner von Stes-Maries-de-la-Mer, im Schiff konzentriert er sich auf die Petruslegende. Auch die Leuchter im Chor sowie rechts und links der Eingangstür hat Cocteau entworfen. Zusammen mit der Tür ergeben sie ein eigenartig suggestives Gesicht.

Praktische Hinweise

Information: Office de Tourisme, square F.-Binon, Tel. 04 93 01 73 68, Fax 04 93 76 63 65.

Hotel

Welcome, quai Courbet, Tel. 04 93 76 76 93, Fax 04 93 01 88 81. Das erste Haus am Platz, wunderschön gelegen (Aussicht), mit historischen Reminiszenzen: Cocteau und Kiki de Montparnasse logierten hier (15. 11.– 20. 12. geschl.). Vorzügliche Küche im St-Pierre (Tel. 04 93 76 27 27; Mo geschl.).

Historische Rekonstruktion mit musealen Versatzstücken: die Rothschild-Villa Île de France in St-Jean-Cap-Ferrat (heute Nationalmuseum).

36 St-Jean-Cap-Ferrat

Traumvillen am Meer.

Wegen seines tropischen Klimas erhielt der Ort **Beaulieu** den Titel ›Kleines Afrika‹. Er birgt aber darüber hinaus eine besonders reizvolle Sehenswürdigkeit, die **Villa Grecque Kérylos** (Juli–Sept. tgl. 10–18, sonst Di–Fr 14.30–17.30, Sa/So 10.30–12, 14.30–17.30 Uhr, Nov. geschl., Tel. 04 93 01 01 44) in der Rue Gustave-Eiffel. Der Archäologe Theodor Reinach ließ sich die Villa 1902–10 im Stil der griechischen Antike erbauen. Dabei sparte er nicht an kostbaren Materialien und aufwendiger Gestaltung. Auch die herrliche Lage erinnert an die Ufer der Ägäis.

Ein weiteres Glanzlicht des Ortes ist die schöne, feinsandige **Plage Afrique**. Mit ihren hohen Palmen hat sie wiederum beinahe Südseecharakter. Kein Wunder also, dass sie schon im 19. Jh. eine magische Anziehungskraft auf die Reichen und Mächtigen ausübte.

Bei der Weiterfahrt erreichen wir auf engen Straßen die Halbinsel **Cap Ferrat**. Hier hat sich Béatrice Ephrussi, die Schwester des Barons Édouard de Rothschild, 1912 einen französischen Park im Stil Le Nôtres und eine venezianische Villa errichten lassen. Die bezaubernde Villa

Der ›Salon Louis-Seize‹

Macht ihrem Namen alle Ehre – die weißsandige Plage Afrique bei Beaulieu

TOP TIPP Île de France ist heute als **Fondation Ephrussi de Rothschild** (tgl. 10–19 Uhr) Nationalmuseum und öffentlich zugänglich. Sie enthält Kostbarkeiten aus allen Epochen vom 14. bis zum 19. Jh., wobei das 18. Jh. besonders gut vertreten ist. Neben Möbeln, Teppichen und Porzellan gibt es vorzügliche Gemälde, u. a. von Boucher und Coypel. Besuchenswert ist das Museum nicht zuletzt als bizarres Zeitdokument – vergleichbare Versuche einer historischen ›Rückkreuzung‹ eines absolutistischen Ambientes aus musealen Versatzstücken gibt es – im 20. Jh. und in vergleichbarem Maßstab – sonst nur in Amerika.

Praktische Hinweise

Information: Office de Tourisme, St-Jean-Cap-Ferrat, av. D.-Semeria, Tel. 04 93 76 08 90, Fax 04 93 76 16 67.

Hotels

Grand Hôtel du Cap-Ferrat, bd Général de Gaulle, Tel. 04 93 76 50 50, Fax 04 93 76 04 52. Luxuriöses Hotel mit Park und allem Komfort (4. 1.–1. 3. geschl.). Exklusive Küche (Michelin-Stern).

La Bastide, av. Albert-Ier, Tel. 04 93 76 06 78. Aussicht, Gartenterrasse, gepflegtes Restaurant (geschl. im Nov. und Mo mittags).

Oursin, 1, av. Séméria, Tel. 04 93 76 04 65, Fax 04 93 76 12 55. Stilvoll möbliertes, preisgünstiges Hotel direkt am Hafen.

Restaurant

Le Sloop, am Port de Plaisance, Tel. 04 93 01 48 63. Bemerkenswert gute Küche (im Sommer Di, Mi mittags, sonst Mi sowie 15. 11. – 15.12. geschl.).

37 Èze

Der Felsen des Zarathustra.

Èze liegt an der Mittleren Corniche, der *Corniche Moyenne*, doch ist der Ort auch von der Küste aus erreichbar: Friedrich Nietzsche vollendete hier 1883 sein Werk ›Also sprach Zarathustra‹. Den Schluss, so notiert er, habe er sich »während eines äußerst mühseligen Anstiegs vom Bahnhof zu dem wunderbaren, inmitten von Felsen erbauten maurischen Dorf Èze« ausgedacht.

TOP TIPP Nahezu senkrecht steigen hier die Felsen auf fast 430 m hoch. Die Aussicht vom **Kakteengarten** – die reizvolle und informative Anlage setzt einen zusätzlichen Akzent – ist überwältigend, in weniger romantischen Zeiten wusste man sie aus strategischen Gründen zu schätzen. So verwundert es denn nicht, von einer ligurischen Fliehburg aus dem 6. Jh. zu hören, anderes ist zwar nicht historisch gesichert, aber gut möglich: dass der Ortsname phönizisch ist und mit der Göttin Isis zu tun hat und dass die Sarazenen hier einen Stützpunkt errichteten. Wie auch immer: Im Mittelalter entstanden

Enge Gassen und steile Treppen prägen das Bild des Felsennestes Èze

hier ausgedehnte Wehranlagen, die unter Ludwig XIV. wieder verschwinden mussten. Immerhin blieb das malerische **Stadttor** erhalten. In der 1764–71 erbauten **Kirche** gab es zwei frühe Gemälde des Klassizisten Jacques-Louis David (1748–1825). Leider wurden sie 1880 nach England verkauft.

Praktische Hinweise

Information: Office de Tourisme, place Général de Gaulle, Tel. 04 93 41 26 00, Fax 04 93 41 04 80.

Hotels

Château Éza, Tel. 04 93 41 12 24, Fax 04 93 41 16 64. Das Anwesen ist nur zu Fuß zu erreichen, und es ist ein Traumhotel mit hinreißendem Ausblick, ebensolcher Küche und entsprechenden Preisen (geöff. 27. 3.–2. 11.).

TOP TIPP **Château de la Chèvre d'Or**, rue Barri, Tel. 04 92 10 66 66, Fax 04 93 41 06 72. Ebenfalls nur zu Fuß erreichbar. Es steht dem vorgenannten, was Lage und Komfort betrifft, in nichts nach. Die exzellente Küche wurde mit einem Michelin-Stern ausgezeichnet. (15. 11.– 7. 3. geschl.).

Restaurant

Richard Borfiga, place Général de Gaulle, Tel. 04 93 41 26 79. Die Eleganz der Restauranteinrichtung entspricht der Qualität von Service und Küche. (6. 1. bis Anfang Febr. und Mo geschl.).

38 La Turbie

Das Siegesmonument des Augustus.

Wer dem chaotischen Verkehrsengpass entgehen will, kann den Zwergstaat Monaco auf der Oberen Corniche, *Grande Corniche*, elegant umgehen. In jedem Fall lohnt sich aber ein Abstecher dorthin wegen der gewaltigen, zwischen dem

Augustus errichtete das Monument von La Turbie zum Zeichen der Befriedung ganz Galliens

1. Juli 7 v. Chr. und dem 30. Juni 6 v. Chr. errichteten Siegestrophäe, die dem Ort einst seinen Namen gegeben hat: TOP TIPP **La Turbie**, Alpium Tropaea. Das ganz und gar ungewöhnliche, 40 m hohe *Denkmal* (April–Juni tgl. 9–18, Juli–Sept. tgl. 9–19, sonst tgl. 9.30–17 Uhr, Tel. 04 93 41 10 11.) an der Via Iulia Augusta, der späteren Via Aurelia, feiert den Sieg über die lange Zeit heftig gegen das Römische Reich opponierenden Alpenstämme, mit dem Augustus einen entscheidenden Schlussstein in das Gebäude seiner neuen, befriedeten Weltordnung (›Pax Augustana‹) setzte.

Das Monument markiert, am höchsten Punkt der neu angelegten Straße (›Alpis summa‹), die Grenze zwischen Gallien und Italien – ein Umstand, auf den später mehrfach der piemontesische Staatsmann Cavour abhob, als er sich im Zuge der italienischen Einigungsbewegung vergebens um die Angliederung Nizzas an Italien bemühte. Allerdings wurde die berühmte Inschrift »HVC VSQUE ITALIA / AB HINC GALLIA« (bis hierher reicht Italien, ab hier beginnt Gallien) erst unter Diokletian angebracht.

Im Mittelalter wurde das in drei Stufen terrassenförmig aufgebaute, von einer Augustusstatue bekrönte Monument als heidnisch zwar zerstört, aber keineswegs völlig vernichtet. Als Teil mehrerer Wehranlagen blieb es vielmehr im Kern erhalten, bis es bei den Sprengungen der Befestigung im Spanischen Erbfolgekrieg (1705) dann doch noch einmal stark beschädigt wurde.

Das frühe 20. Jh. bemühte sich um Erforschung und Rekonstruktion dieses Monuments. Was heute zu sehen ist, enthält immerhin zahlreiche, sorgfältig wieder zusammengesetzte Originalteile, darunter die Inschrift, die in Übersetzung lautet: »Dem Cäsar Augustus Imperator, dem Sohn des göttlichen Cäsar, dem Obersten Priester, im 14. Jahr seiner kaiserlichen Macht und im 17. Jahr seines Amtes als Volkstribun – der Senat und das Volk von Rom – weil unter seiner Führung und Weitsicht alle Volksstämme der Alpen [sie werden anschließend aufgezählt] vom Adriatischen bis zum Tyrrhenischen Meer der Autorität des Volkes von Rom unterworfen worden sind.«

Über der Betrachtung des Denkmals sollten nicht der schöne Ort und die bemerkenswerte Barockkirche **St-Michel** übersehen werden.

Praktische Hinweise

Hotel

Le Napoléon, 7, av. de la Victoire, Tel. 04 93 91 57 42, Fax 04 93 41 28 93. Erfreuliche, preisgünstige Unterkunft und Küche, Gartenterrasse (18. 2.–21. 3. und Di außerhalb der Saison geschl.).

39 Monaco und Monte Carlo

Besuch im Zwergstaat des Fürsten Grimaldi.

Auf engstem Raum streben die Wolkenkratzer gen Himmel. Die Bebauung der ohnehin schon dicht besiedelten Küste

Himmelfahrtsrennen

Ist es schon erstaunlich genug, wie viele Straßenkilometer – gedärmhaft verschlungen – auf der Fläche des nur 1,95 km² großen Fürstentums untergebracht werden konnten, so muss das Unterfangen, in Monaco Jahr für Jahr eines der schnellsten Straßenrennen der Welt abzuhalten, geradezu aberwitzig anmuten.

Das spektakuläre Ereignis, die **Formel-1-Ralley von Monte Carlo**, *findet seit 1929 alljährlich statt, sinnigerweise am Himmelfahrtswochenende. Schon Monate vor dem ›Grand Prix‹, der für eine knappe Woche den Zwergstaat umkrempelt – da wird genagelt und verbarrikadiert, werden Zäune aufgerichtet und Netze gespannt –, beginnt ein zweites, nicht minder erbittertes Rennen: Das um die 40 000 Tribünenplätze (Mindestpreis: 300 DM), die entlang der gewundenen Straßen angelegt werden. Und dann ist es soweit: Die Motoren dröhnen und stinken, die Rennwagen drehen ihre 78 Runden, sind für Sekunden zu sehen und sofort wieder um die nächste Biegung verschwunden, drehen auf und erreichen im Hafentunnel Spitzengeschwindigkeiten an die 300 km/h. Das kann nicht immer gut gehen: 1994 prallte der damals 26-jährige Österreicher Wendlinger mit 278 km/h gegen die Bande und lag 24 Tage im Koma, aus dem er immerhin wieder erwachte – um sich bald darauf erneut seinem Beruf, seiner Leidenschaft, zuzuwenden.*

Hafen, Felsen und Hochhäuser, auf engstem Raum gedrängt, bilden den Zwergstaat Monaco

nimmt extreme, damit aber formal bereits wieder faszinierende Züge an: Ein kristallines Mini-Manhattan funkelt, je nach Beleuchtung, vor der Kulisse der Berge, von nahem besehen ist freilich das meiste, was da gebaut wurde, nicht gerade begeisternd. Aber der erste Eindruck eines ungemein dynamischen Emporwachsens täuscht nicht: Der Boden des nur 1,95 km^2 kleinen Fürstentums ist offenbar fruchtbar, Architektur, auch architektonisches Unkraut, gedeiht üppiger als anderswo. Bodenspekulation ist eine der Haupteinnahmequellen des Gemeinwesens.

Tagaus, tagein donnern die Presslufthämmer, und es ist schon erstaunlich, wieviel Platz es noch gibt innerhalb dieser enggezogenen Landesgrenzen. Immer mehr wird gebaut, es ist kein Ende abzusehen. Gewundene Straßen pressen sich wie Gedärm in den Bauch des winzigen Staates (rund 32 000 Ein.), dazu Touristen, Snobs, seriöse und weniger seriöse Geschäftsleute, Glücksritter. Sie alle verstopfen mit ihren Autos die Straßen, in denen man mehr Rolls-Royces und Ferraris sieht als irgendwo sonst auf der Welt.

Monaco und Monte Carlo – das ist ganz zweifellos interessant als anachronistisches und paradoxes Phänomen und als solches hier bestimmt nicht erschöpfend zu behandeln. Ein Überbleibsel aus einer Welt winziger Stadtstaaten, in der Flurbereinigung des Nationalismus schlichtweg vergessen. Ein Märchenland von knallharter Nüchternheit, Dorado der Geldmacher, ein Paradies ohne Steuern.

Über dem doch das Damoklesschwert des drohenden Endes baumelt: Dann nämlich, wenn es keinen männlichen Erben mehr gäbe, müsste das Fürstentum aufhören zu existieren und sein Territorium fiele an den französischen Staat. Sein Territorium: Das ist der Felsen von **Monaco** und der sich zu seinen Füßen erstreckende Küstenstreifen von **Monte Carlo**; ein Hafen ist dabei, **La Condamine**, und die Unterstadt **Fontvieille**, doch oben, auf der Höhe, logiert der monegassische Staatssender bereits auf französischem Boden (Beausoleil). Übrigens

Wachablösung vor dem Fürstenpalast

Nichts Besonderes im Fürstentum ...

ist das Staatsgebiet von Monaco heute um ein Viertel größer als vor 45 Jahren: Es wuchs durch Land, das man im Bereich der Unterstadt dem Meer abgewonnen hat.

Geschichte Die Historie des Stadtstaates ist alt, sie führt weit in die Vorgeschichte zurück: Das **Musée d'Anthropologie préhistorique** im reizvollen und interessanten Jardin exotique informiert über uralte menschliche Spuren, die in der nahen **Grotte de l'Observatoire** gefunden wurden (die Grotte ist vom Garten aus zugänglich). Der Name, der sich von ›Heraklea Monoikos‹ herleitet, gilt als phönizisch. Sicheren historischen Boden betreten wir allerdings erst mit dem Hinweis auf Massalia: Monaco war eine von vier Filialgründungen der Griechenstadt.

Das Spielkasino von Monte Carlo, erbaut vom Architekten der Pariser Oper, Charles Garnier

Im 12. Jh. schenkte der deutsche Kaiser Stadt und Felsen von Monaco den Genuesen, 1215 wurde eine Burg errichtet, die sich zu einer der strategisch wichtigsten der Küste entwickelte. 1297 bemächtigte sich ein aus Genua vertriebener guelfischer Adliger, **Francesco Grimaldi**, mit List und Tücke der Festung. Seine Nachfahren haben es bis heute verstanden, durch geschicktes Taktieren ihre Unabhängigkeit zu bewahren.

Allerdings wurden die Bindungen an Frankreich zunehmend verstärkt: Fürst Honoré III. diente gar unter Ludwig XV. als Feldmarschall. 1760 erwarb er die gesamte Küste bis Menton, doch kurz darauf machte die Französische Revolution auch diesem Feudalstaat ein Ende. In der Restaurationszeit wurden die Grimaldis wieder eingesetzt, zugleich aber ihr Territorium auf die Maße eines Operettenstaates zurechtgestutzt, ein Land, von dem keiner glaubte, dass es auf die Dauer lebensfähig sein könnte.

In dieser Situation rettete das Glücksspiel den Mini-Staat. In Frankreich und

Monte Carlo, Skulptur von Fernando Botero

auch – ab 1871 – im Bismarck-Deutschland war es verboten. Die Geldsüchtigen kamen in Scharen, die Monegassen nahmen sie mit offenen Armen auf, der Aufstieg Monacos begann. Er basiert bis heute auf den stabilen Pfeilern Glücksspiel, Steuerflucht und Bodenspekulation.

Besichtigung Viel Sehenswertes gibt es – außer einigen wirklich interessanten Museen – in Monaco nicht. Immerhin ist das **Casino** – mit angebautem Theater – eine respektable Baugruppe der Gründerzeit. Es wurde 1865 begonnen und seither mehrfach verändert und erweitert. Kuppel und Theater (1878/79) gehen auf Entwürfe des Architekten *Charles Garnier*, des Schöpfers der Pariser Oper, zurück. Man beachte auch unterhalb der Spielbank, am Strand, das **Centre de Congrès**, dessen Dach von Victor Vasarely gestaltet wurde. Aus derselben Zeit wie das Casino und stilistisch vergleichbar sind einige prunkvolle Nobelhotels im näheren Umkreis. Garnier war auch der Architekt der für den Bankier Sauber erbauten Villa, in der heute das **Musée des Poupées et Automates** untergebracht ist, eine einzigartige Sammlung von Automaten und beweglichen Puppen. Außerordentlich informativ ist auch das kühn auf den Steilhang des Felsens gebaute, von Fürst Albert I. (1848–1922, er war selbst ein exzellenter Seefahrer und Wissenschaftler) gegründete **Musée Océanographique**, eine auch als Forschungsinstitut renommierte Einrichtung.

Die neoromanische **Cathédrale St-Nicolas** – seit 1887 leistet man sich wieder, unentbehrlich für farbenprächtige Hofzeremonien, einen eigenen Bischof – ist kaum besonders bemerkenswert. Immerhin beherbergt sie im rechten Querhaus ein Bréa-Retabel. Auch der Fürstenpalast, **Palais du Prince**, ist eher enttäuschend, ein schönes Barockhaus ist dagegen das **Haus der Wachen** gleich gegenüber (Wachablösung tgl. 11.55 Uhr). Napoleonfreunde werden sich für das in einem Flügel des Schlosses untergebrachte **Musée Napoléon** interessieren.

Praktische Hinweise

Vorwahl Monaco: 003 77

Information: Office de Tourisme de Monaco, 2a, bd des Moulins, Monte Carlo, Monaco, Tel. 92 16 61 66, Fax 92 16 60 00.

Museen

Automobilmuseum im Centre Commercial von Fontvieille (Collection des voitures anciennes; Privatsammlung von Fürst Rainier III.): Tel. 92 05 28 56, tgl. außer 25. 12. 10–18 Uhr.

Fürstenpalast (Palais du Prince): Tel. 93 25 18 31, Führungen (auch in Deutsch) Juni–Sept. tgl. 9.30–18.30, Okt. tgl. 10–17 Uhr.

Jardin exotique, Grottes de l'Observatoire und Musée Anthropologique: von der Mittleren Corniche aus oder Bus ab Fontvieille, Tel. 93 30 33 65, 15. 5.– 15. 9. tgl. 9–19 Uhr, 16. 9. – 14. 5. tgl. 9 – 18 Uhr, 19. 11. sowie 25. 12. geschl.

Musée Napoléon: Tel. 93 25 18 31, 1. 12. – 31. 5. Di – So 10.30 – 12.30, 14 – 17 Uhr; 1. 10. – 31. 10. Di – So 10 – 17 Uhr; 12. 11. – 16.12., 25. 12., 1. 1. geschl.

Musée Océanographique: Tel. 93 15 36 00, Okt. – März tgl. 9.30 – 19, April – Juni, Sept. tgl. 9 – 19, Juli / Aug. tgl. 9 – 20, Nov. – Feb. tgl. 10 – 18 Uhr.

Musée des Poupées et Automates (Puppen- und Automatenmuseum): Tel. 93 30 91 26, Okt. – 31. 3. tgl. 10 – 12.15, 14.30 – 18.30, 1. 4. – Sept. tgl. 10 – 18.30 Uhr; 1. 1., 1. 5., 19. 11., 25. 12. geschl.

Hotels

Übernachtungen in Monaco kosten rund doppelt so viel wie in den ja keineswegs

Blick über die Dächer von Roquebrune

billigen französischen Orten der Côte d'Azur. Wir beschränken uns daher im Folgenden auf drei Nobelrestaurants, deren erstes immerhin mit zwei Michelin-Sternen ausgezeichnet wurde:

Restaurants

TOP TIPP **Le Louis XV**, im Hôtel de Paris, Place Casino, Tel. 92163001. Serviert wird in einem prunkvollen Barocksaal, es kocht einer der besten Köche Frankreichs, Alain Ducasse (30. 11.–30. 12., 15. 2.–4. 3. sowie Mi, außer 22. 6.–24. 8. abends und Di geschl.).

Grill de l'Hôtel de Paris, im selben Haus, Tel. 92162966. Im 8. Stockwerk mit prächtiger Aussicht (5. 1.–5. 2. geschl.).

La Coupole, im Hôtel Mirabeau, 1, av. Princesse Grace, Tel. 92166699. Nach dem Essen, feinste provenzalische Küche, empfiehlt sich ein Kaffee am Rand des Schwimmbeckens (Juli/Aug. mittags geschl.).

40 Roquebrune

Burg und Cap der braunen Felsen.

Der Küstenstreifen zwischen Nizza und Menton ist vielleicht der schönste der ganzen Côte d'Azur, zumindest, was die Ausblicke betrifft. An der Oberen Corniche liegt das pittoreske Nest Roquebrune, benannt nach den **rotbraunen Felsen**, auf die es gegründet ist und deren Struktur sich fortsetzt im mineralischen Gefüge der Mauern und Gässchen. Der Blick von der alles bekrönenden **Burg** schweift über die Bucht von Menton, reicht weit nach Italien hinein, wo sich Küste, Landschaft, Vegetation und ligurische Bauweise ohne Zäsur fortsetzen. Im Westen sind in unmittelbarer Nähe die Türme von Monte Carlo, in der Ferne bei klarem Wetter, über Kaps und Buchten hinweg, die Höhenzüge des Esterel-Gebirges zu sehen.

Die Burg soll aus karolingischer Zeit stammen, die bestehende Bausubstanz verweist jedoch eindeutig auf das 13. Jh. Der **Wohnturm**, das Château, ist der Kern der gesamten Anlage, seine Raumaufteilung kann man in allen Einzelheiten noch gut erkennen. Jüngere Befestigungsbauten umschließen den Donjon, der Ort selbst entstand nicht vor dem 15. Jh.

Burg und Siedlung, etliche Male zerstört und wieder aufgebaut, gehörten dem Haus Grimaldi und damit zu Monaco. Während der Französischen Revolution schlossen sich Menton und Roquebrune wie Nizza freiwillig der Ersten Republik an, wurden in der Restaurationszeit dann den Grimaldis zurückgegeben, lösten sich 1848 erneut von Monaco und kamen 1860 endgültig durch Volksentscheid zu Frankreich.

Unterhalb von Roquebrune springt das **Cap Martin** weit ins Meer vor und begrenzt die Bucht von Menton. Am Ende der traumhaft schönen, lange Zeit unbewohnten *Halbinsel* wurde in der 2. Hälfte des 19. Jh. das Grand Hôtel du Cap Martin gebaut, in dem sich die französische Kaiserwitwe Eugénie und die österreichische Kaiserin Elisabeth je eine Suite einrichten ließen.

In Roquebrune-Cap Martin lebte übrigens der berühmte Architekt Le Corbusier (1887–1965) [s. S. 30] und ist dort auf dem Friedhof auch begraben.

Praktische Hinweise

Information: Office Municipal de Tourisme, 20, av. P.-Doumer, Tel. 0493356287, Fax 0493285700.

Hotel

Hôtel des Deux Frères, place des deux Frères, Tel. 0493289900, Fax 0493289910. Mitten im Ort, in einer ehem. Schule. Die Preise sind der Gegend entsprechend, Zimmer und Küche jedenfalls ausgesprochen erfreulich. Terrasse und schöne Aussicht (15.11.–20.12. sowie Do von Okt.– März geschl.).

41 Menton

Plan Seite 122

Die Mitte der Küste: Prähistorische Grotten und exotische Gärten.

Menton liegt, nimmt man die italienische Riviera hinzu, ziemlich genau in der Mitte dieser traumhaften Küste, die, obgleich sie durch eine Staatsgrenze geteilt ist, doch in jeder Hinsicht eine Einheit darstellt.

Der Ort ist als Standquartier gut geeignet, um von hier aus die Riviera nach beiden Seiten zu erkunden. In mancher Beziehung vermittelt er besonders dicht, gesteigert und geläutert, was den Reiz dieser Region ausmacht: Das Klima ist durch die nahen Alpenausläufer geschützter als an den meisten anderen Stellen der Küste, aber auch architektonisch hat der sehr gepflegte Ort eher als etwa Cannes oder Antibes einiges vom ruhigen, vornehmen Flair jenes aristokratischen Wintertourismus bewahrt, mit dem die neuere Geschichte der Côte d'Azur begann. Auch heute – noch und wieder – kann ein Besuch im Winter nur empfohlen werden. Außer den hier fast etwas befremdlich wirkenden Platanen ist dann nämlich alles grün, Mimosen blühen, Kakteen und Pinien, aber auch Orangen und Zitronen, ja sogar Bananenstauden und Datteln gedeihen in verschwenderischer Fülle, während woanders Schnee fällt. Und so wird auch der Auftakt zum Frühling mit verschwenderischer Fülle gefeiert: Beim weithin berühmten Zitronenfest, der **Fête du Citron**, ziehen in der Woche vor Faschingsdienstag farbenprächtige Wagen mit Orangen- und Zitronenskulpturen durch die geschmückten Straßen der Stadt.

Und so gehören denn auch zu den besonderen Sehenswürdigkeiten Mentons seine **Gärten**: Die *Jardins Biovès* im Stadtzentrum, der *Olivenhain Le Pian* nördlich des Hafens und der *Jardin Botanique Exotique* am Boulevard de Garavan, vor allem aber die *Gärten der Villa les Colombières* etwas weiter östlich.

Von hier aus ist es nicht weit zu den **Grotten von Vallonet** westlich von Menton oder den sog. **Grimaldi-Grotten** östlich der Stadt, bereits in Italien gelegen. Die Funde dieser Höhlen gehören neben denen von Nizza und Monaco zu den frühesten, die die Geschichte der Menschheit kennt.

Die ältesten Zeitzeugnisse, noch in die Altsteinzeit zurückreichend, hat man in der Grotte de Vallonet entdeckt. Die Steinwerkzeuge aus den Grimaldi-Grotten stammen bereits aus etwas jüngerer Zeit, aus dem Mesolithikum. Noch jüngere Funde kommen dann erst wieder nach einem rätselhaft langen Intervall von ca. 20000 Jahren vor. In der Zwischenzeit ist der Neandertaler verschwunden, und der

Jean Cocteau, Wandgemälde im Standesamt von Menton

unmittelbare Vorfahre der heutigen Menschen tritt auf den Plan, der Homo sapiens von Cro Magnon. In dem *Grotto dell Barma Grande*, der zu den Grimaldi-Grotten gehört, wurden neben Skeletten zahlreiche Werkzeuge entdeckt. In allen Fällen handelt es sich um Grabbeigaben, auch Schmuck ist dabei, der auf eine veränderte Einstellung des Menschen zu seinem Körper und zum Glauben an ein Weiterleben nach dem Tod verweist. Und wahrscheinlich hatte der sich andeutende Jenseitsglaube auch etwas zu tun mit dem Kult der ›Großen Mutter‹, der erstmals in kleinen Idolstatuetten greifbar wird, die vielerorts zwischen Frankreich und Russland anzutreffen sind. Fünfzehn solcher ›Venus‹-Statuetten wurden in den Grimaldi-Grotten bisher gefunden.

Geschichte Menton ist eine vergleichsweise junge Stadt. Erst 1251 taucht der Ortsname in einem Schriftdokument auf: Da ist von einem ›Mons Othonis‹ die Rede, einem Berg also, der Othon, dem Grafen von Ventimiglia, gehörte. Aus dieser sachlichen Bezeichnung hat sich der heutige Ortsname entwickelt. 1269 erhielt Wilhelm von Vento Roquebrune und Menton als Lehen; einer seiner Nachfolger verkaufte dann 1346 die Rechte über beide Orte an den Prinzen von Monaco.

Nachdem Menton im Spanischen Erbfolgekrieg vorübergehend habsburgisch geworden war, begann sein später Aufstieg mit dem Anschluss an Frankreich. Napoleon ließ eine auf eleganten Bögen ›schwebende‹, ebenso funktionale wie ästhetische **Uferstraße** anlegen, die zu einem unverzichtbaren Bestandteil des Stadtbildes von Menton geworden ist, sein Neffe Napoleon III. baute den **Hafen** aus – er dient hauptsächlich zur Ausfuhr von Zitrusfrüchten. Vor allem aber war es der englische Arzt Bennett, der Menton in ganz Europa bekannt machte. Er war im milden Klima der Rivierastadt von seiner Tuberkulose geheilt worden und pries daraufhin die Vorzüge Mentons in einem Buch, das rasch populär und in viele Sprachen übersetzt wurde.

Besichtigung Aus jener glanzvollen Zeit des Wintertourismus sind noch zahlreiche mehr oder minder pompöse Palais erhalten, die heute zumeist anderen Zwecken nutzbar gemacht wurden. So u. a. das **Hôtel de Ville** ❶, das zeitweilig städtisches Kasino war (hieran erinnert noch das Theater, der heutige Rathaussaal – das derzeitige Kasino befindet sich am Schnittpunkt von Promenade Georges-V und Jardins Biovès) und 1957 durch einen künstlerischen Akzent besonderer Art bereichert wurde: Kurz nachdem er die Kapelle von Villefranche [Nr. 35] ausgemalt hatte, erhielt **Jean Cocteau** von dem mit ihm befreundeten, ungemein tatkräftigen Bürgermeister Francis Palermo, dem Vater des modernen Menton, den Auftrag, das Standesamt **Salle de mariages** auszugestalten. Cocteau inszenierte mit reichlich Purpur und Gold, setzte Spiegel ein, die für ihn immer Symbole waren für die Dialektik von Schein und Wirklichkeit, Traum und Realität, und schuf mit einer Ausmalung, die sich teils dekorativ schweifenden, teils flächendeckend mäandrierenden Lineaments bedient, sein malerisches Hauptwerk.

An der Stirnseite begegnen die Köpfe und Augen zweier Menschen einander. Das Auge des Jünglings – er ist durch die Art seiner Kopfbedeckung als Fischer gekennzeichnet – hat die Gestalt eines geflügelten Fischs, das Mädchen trägt den

Am Hafen von Menton – Blick auf die Altstadt mit der Kirche St-Michel

Hut der Zitronenpflückerinnen, dessen breite Krempe die Sonne nicht nur abhält, sondern zugleich zum Bestandteil des Kopfschmucks macht. Die Hutlinie wiederum – bezeichnend für die mit knappen, zeichenhaften Mitteln vielschichtige Sinnbezüge herstellende Kunst Cocteaus – verbindet das Gesicht des Mädchens mit dem Profil des Mannes. An der rechten Seite des Zimmers ist eine orientalische (sarazenische?) Hochzeitsszene dargestellt, die linke zeigt den Dichter Orpheus, dessen Leierspiel nach dem Tod der Geliebten verstummt – der Tod aus Poesie bleibt nicht ohne Wirkung auf die Menschheit, die in Dumpfheit erstarrt. Zweifellos bringt diese Szene eine persönliche, bekenntnishafte Note ins Spiel: Cocteau hat sich immer wieder selbst mit Orpheus identifiziert und das Thema des Orpheus-Mythos in packenden Bildern (z. B. im Film ›Orphée‹) reflektiert.

Vom Rathaus ist es nicht weit zum **Musée Régional** ❷ in der Rue Larchey, dessen Untergeschoss *prähistorische und archäologische Funde* enthält, darunter ein Stück des Schädels des ›Grimaldi-Menschen‹, übrigens das einzige Fundstück aus den Grotten, das in Menton verblieben ist [s. S. 121]. Im Obergeschoss finden Wechselausstellungen statt.

Vom Musée Régional führt der Weg hinauf in die **Altstadt**, in der insbesondere die Rue Longue noch eine ganze Reihe gut erhaltener Häuser des 15.–18. Jh. aufweist (Nr. 45: Palais Prettis, 1649, mit schönem Treppenhaus). Eindrucksvoller jedoch ist der Zugang vom Quai Bonaparte aus über die prächtige Freitreppe direkt zum **Parvis St-Michel**, einem gelungenen städtebaulichen Ensemble, das von der prächtigen Fassade der Kirche **St-Michel** ❸ beherrscht wird. Breiten- und Höhenerstreckung dieser von weitem sichtbaren, wahrzeichenhaften Fassade stehen mit ihren ungleich hohen Türmen (der linke noch vom Vorgängerbau, 14. Jh.) und im Bezug zur Lage am Berghang in einem spannungsgeladenen Verhältnis.

Der Bau wurde 1619 auf gewaltigen Substruktionen begonnen und ist die größte Kirche, die im 17. Jh. in der damaligen Diözese Monaco-Ventimiglia gebaut wurde. Im breit gelagerten Inneren der goldstrotzenden, dreischiffigen Säulenbasilika mit ihren kraftvollen Gliederungselementen – immer wieder begegnet man dem ›klassischen‹, italienisch anmutenden Bautyp in dieser Region – ist u. a. das Michaels-Retabel von *A. Manchello* (1565) beachtenswert. Auf

In den exotischen Gärten von Menton

dem Parvis und in der Kirche finden im Sommer die anspruchsvollen Kammermusik-Festspiele statt. Die etwa gleichzeitig erbaute Kirche **Chapelle de la Conception** ❹ westlich von St-Michel war ursprünglich Gebetshaus der Weißen Büßer (Pénitents Blancs).

Wir kehren in die **Unterstadt** zurück, folgen der Rue de la République und überqueren die Gartenachse der **Jardins Biovès** ❺. Wie in Nizza handelt es sich hier um einen in die Unterwelt verbannten Fluss, den 1899 unsichtbar und damit unschädlich gemachten Careï, der bis dahin immer wieder die Innenstadt überflutet hatte.

Das **Palais de l'Europe** ❻ (1909) dient wechselnden Ausstellungen und anderen Veranstaltungen (Malerei-Biennale, Literaturkurse) und zeigt damit das Bemühen der Stadtregierung um ein qualifiziertes kulturelles Angebot, das versucht, einem einseitig konsumorientierten Massentourismus zumindest gegenzusteuern.

Schließlich ist am Westrand des Ortes, als wohl bedeutendstes Bauwerk der Stadt, das **Palais Carnolès** ❼ zu erwähnen, die von den renommierten Pariser Architekten Robert de Cotte und Jaques-Ange Gabriel 1717 für den Grimaldi-Prinzen Antoine I. nach dem Vorbild des Grand Trianon von Versaille errichtete Sommerresidenz.

Nach Revolution und Restauration wechselte das Palais viele Male seinen Besitzer und wurde – nicht zu seinem Vorteil – mehrfach verändert und umgebaut. 1961 schließlich wurde der letzte Besitzer zwangsenteignet und der Bau zum Monument Historique erklärt. Nach umfangreichen Restaurierungen enthält es jetzt die früher z. T. im Musée Régional untergebrachte **Sammlung Wakefield-Mori** (im Obergeschoss alte Meister, hauptsächlich italienische Malerei des 14.–16. Jh., Flamen und Holländer, im Untergeschoss das 20. Jh.: Manguin, Gromaire, Picabia, Camoin, Dufy, S. Valadon u. a.), die durch städtische Ankäufe, u. a. aus der regelmäßig stattfindenden Malerei-Biennale, und Wechselausstellungen ergänzt wird.

Mit dem Hinweis auf zwei sehr verschiedene, beide in ihrer Art aber unvergleichlich schöne Gärten sei dieser Rundblick über eine der ältesten und reichsten Kulturlandschaften Europas abgeschlossen – nicht ohne anzudeuten, dass diese Landschaft keineswegs an der Landesgrenze ihr Ende findet.

Am Golf von Garavan entstand Anfang dieses Jahrhunderts der bereits erwähnte **Jardin des Colombières** ❽. *Ferdinand Bac* (1859–1952), der vielseitig begabte, als Architekt, Karikaturist und Schriftsteller tätige Großneffe Napoleons hat sich hier nicht nur einen Traum erfüllt, sondern diesen in allen Einzelheiten – Gartenanlage, Architektur, Wandmalereien, Einrichtungen

TOP TIPP

– auch selbst komponiert und realisiert. In vierzehnjähriger Arbeit hat er mehrere Gärten harmonisch miteinander verbunden, jedoch dergestalt, dass der individuelle Charakter jedes einzelnen erhalten blieb. Treppen, Alleen, immer neue Durchblicke und Panoramen tun sich beim Durchwandern dieser mediterranen Jugenstillandschaft auf, die bewusst auf exotische Pflanzen verzichtet. Vielmehr konzentriert sie sich auf die typische Pflanzenwelt des Mittelmeers und macht mit kleinen architektonischen und skulpturalen Aperçus auch die mythologische Dimension dieser Landschaft auf ebenso intelligente wie poetische Weise präsent. Am höchsten Punkt des Gartens liegt Bac begraben; sein Grab trägt die schlichte Inschrift »per aspera ad astra« – »auf rauen Wegen zu den Sternen«.

Das zweite Beispiel für eine ebenfalls üppig wuchernde, gleichwohl aber vom Menschen gestaltete, ›kultivierte‹ Natur befindet sich unmittelbar jenseits der Grenze, also bereits auf italienischem Boden, ziemlich genau in der Mitte zwischen Menton und der alten Bischofsstadt Ventimiglia. Dort ließ die englische Familie Hanbury von dem in Heidelberg geborenen Gartenarchitekten Ludwig Winter (1846–1912) auf dem Capo Mortola einen der schönsten Gärten der ligurischen Küste anlegen: Die herrlichen **Giardini Hanbury** 9 (tgl. 9–18 Uhr) bieten einen Überblick über mehr als 5000 verschiedene Pflanzenarten, jedoch nicht in trocken botanischer Systematik, sondern in außerordentlich sensibel gestalteter, aus den Gegebenheiten der landschaftlichen Konstellation geschickt und sinnvoll entwickelter Ordnung. Die steile Lage des Gartens zwischen alpinen Felsen und Meeresküste ermöglicht es, Vertreter der Flora ganz unterschiedlicher Klimazonen hier anzusiedeln. Neben Mittelmeerpflanzen sind auch zahlreiche Exoten hier heimisch geworden. Die schlichte Villa der Hanburys geht noch auf mittelalterlichen Ursprung zurück, quer durch den Garten verlaufen, noch deutlich sichtbar, die Spuren der römischen Via Iulia Augusta, die Gallien mit Italien verband.

TOP TIPP

Praktische Hinweise

Information: Office de Tourisme, Palais de l'Europe, 8, av. Boyer, Tel. 04 92 41 76 76, Fax 04 92 41 76 38; Pinède de Bastion, Tel. 04 93 28 26 27.

La Fête du Citron – Zitronenfest in Menton

Museen

Jardin Botanique Exotique, av. St-Jacques, Menton-Garavan, Tel. 04 93 35 86 72, 1. 5. – 30. 9. 10 – 12.30, 15 – 18 Uhr; 1. 10. – 30. 4. 10 – 12.30, 14 – 17 Uhr.

Jardin des Colombières: bd Garavan, Besuch nur nach Voranmeldung beim Service du Patrimoine möglich, 24, rue St-Michel, Tel. 04 92 10 97 10.

Musée Jean-Cocteau: in einer Bastion des 17. Jh. im Alten Hafen, Tel. 04 93 35 49 71. Mi – Mo 10 – 12, 14 – 18 Uhr, Fei geschl.

Musée Régional: rue Larchey, Tel. 04 93 35 49 71, Mi – Mo. 10 – 12, 14 – 18 Uhr, Fei geschl.

Palais Carnolès: 3, av. de la Madone, Tel. 04 93 35 49 71, Mi – Mo. 10 – 12, 14 – 18 Uhr, Fei geschl.

Salle des mariages, Hôtel de Ville: Tel. 04 93 10 50 29, Mo – Fr 8.30 – 12.30, 13.30 – 17 Uhr, Fei geschl.

Hotel

Beau Rivage, 1, av. Ibanez, Tel. 04 93 28 08 08, Fax 04 93 57 41 47. Komfortables Hotel mittlerer Preisklasse ohne Rest., direkt am Hafen.

Restaurant

Vivier Bretons, 6, place du Cap, Tel. 04 93 35 24 24. Hier werden vorzügliche Fischspezialitäten serviert (Nov. sowie vom 20. 9.– 30. 6. auch Di. geschl.).

CARLTON
INTER-CONTINENTAL
PLAGE
CARLTON
INTER-CONTINENTAL
BEACH

Côte d'Azur aktuell A bis Z

Vor Reiseantritt

ADAC Info-Service:
Tel. 0 18 05/10 11 12,
Fax 0 18 05/30 29 28 (24 Pf./Min.)

ADAC im Internet: www.adac.de

Informationen erteilt das Französische Fremdenverkehrsamt **Maison de la France:**

Im Internet: www.maison-de-la-france.com

Deutschland

Maison de la France
Westendstr. 47, 60325 Frankfurt/Main, Tel. 01 90/57 00 25, Fax 01 90 / 59 90 61 (jeweils DM 1,20/Min.)

Österreich

Maison de la France
Argentinierstr. 41 a, 1040 Wien,
Tel. 01 / 5 03 28 90,
Fax 01 / 5 03 28 71

Schweiz

Maison de la France
Rennweg 42, 8023 Zürich,
Tel. 01/217 46 00, Fax 01 / 2 17 46 17

Allgemeine Informationen

Reisedokumente

Mitzuführen sind Reisepass oder Personalausweis. Unter 16 Jahren Kinderausweis oder Eintrag im Elternpass.

Krankenversicherung und Impfungen

Als Krankenversicherung sollte man sich den Anspruchsausweis der Krankenkasse besorgen, der bei stationärem Aufenthalt die Kosten regelt, sowie – zusätzlich – eine Auslandskrankenversicherung abschließen.

Für Hund und Katze muss eine Tollwutimpfung nachgewiesen werden, die nicht mehr als ein Jahr und nicht weniger als 30 Tage zurückliegt.

Kfz-Papiere

Neben Führerschein und Fahrzeugschein sollte man auch die Internationale Grüne Versicherungskarte mitnehmen.

Zollbestimmungen

Im privaten Reiseverkehr innerhalb der EU dürfen Waren zum eigenen Verbrauch unbegrenzt mitgeführt werden. Zur Abgrenzung zwischen privater und gewerblicher Verwendung gelten folgende Richtmengen: 800 Zigaretten, 400 Zigarillos, 200 Zigarren, 1 kg Rauchtabak, 10 l Spirituosen, 20 l Zwischenerzeugnisse, 90 l Wein (davon maximal 60 l Schaumwein) und 110 l Bier. Bei Mitnahme von größeren Mengen müssen Sie im Fall einer Stichprobenkontrolle durch die Finanzbehörden glaubhaft machen, dass die Waren tatsächlich nur Ihren privaten Zwecken dienen.

Geld

Das gesetzliche Zahlungsmittel ist der Französische Franc (FF); 100 Centimes sind 1 Franc. Münzen: 5, 10, 20 Centimes, $^1/_2$, 1, 2, 5 und 10 FF, Banknoten: 20, 50, 100, 200 und 500 FF. Die Ein- und Ausfuhr von Zahlungsmitteln ist nicht beschränkt. Beträge von mehr als 50 000 FF bzw. ihr Gegenwert in einer anderen Währung müssen deklariert werden. Alle gängigen Kreditkarten werden akzeptiert. An zahlreichen EC-Geldautomaten, vor allem in den größeren Städten, kann französisches Geld abgehoben werden.

Tourismusämter im Land

In fast jedem der beschriebenen Orte an der Côte d'Azur gibt es ein eigenes Office de Tourisme (s. ›Praktische Hinweise‹ im Haupttext), das reichhaltiges Material aushändigt, teilweise auch in Deutsch. Die meisten Büros sind während der üblichen Geschäftszeiten geöffnet (9–12.30, 14–18.30 od. 19 Uhr), etliche aber nur im Sommerhalbjahr.

Zusätzlich gibt es für die provenzalischen Departements überregionale Touristenbüros, die über Informationsmaterial, Hotellisten und private Unterkünfte auf dem Lande für das jeweilige Gebiet verfügen:

◁ *Cannes, Badesteg des ›Carlton‹*

Comité Régional du Tourisme Provence-Alpes-Côte d'Azur, Espace Colbert, 14, rue Ste-Barbe, 13241 Marseille Cédex 01, Tel. 04 91 13 89 00, Fax 04 91 13 89 20

Comités Départementaux du Tourisme: Département Bouches-du-Rhône: 13, rue Roux-de-Brignoles, 13006 Marseille, Tel. 04 91 13 84 13, Fax 04 91 33 01 82

Département Riviera-Côte d'Azur: 55, pr. des Anglais, 06011 Nice Cédex 01, Tel. 04 93 92 82 82, Fax 04 93 92 82 98

Département Alpes-de-Haute-Provence: 19, rue du Docteur Honorat, 04005 Digne-les-Bains, Tel. 04 92 36 62 62, Fax 04 92 32 27 24

Département Var: 1, bd Foch, BP 99, 83300 Draguignan, Tel. 04 98 10 51 05, Fax 04 98 10 51 10 sowie 5, av. Vauban, BP 5147, 83000 Toulon, Tel. 04 94 18 53 00, Fax 04 94 18 53 09

Hinweise für **Behinderte** gibt das Taschenbuch ›Tourist quand même‹, erhältlich über den Verband der Behinderten CNFLRH, 30–32, quai de la Loire, 75019 Paris. Ein Hotel- und Restaurantführer für Behinderte kann bei A.P.F. Délégation de Paris, 22, rue du Père Guèrin, 75013 Paris, angefordert werden. Außerdem: ›Guide Rousseau H… comme handicaps‹, 9, rue Luce de Lancival, 77340 Pontauld-Combault, Tel. 01 60 28 50 12

Notrufnummern

Polizei *(Police)* und **Unfallrettung:** Tel. 17
Notarzt (SAMU – Service d'Aide Médicale d'Urgence): Tel. 15
Feuerwehr *(Prompiers)*: Tel. 18

ADAC-Notrufstation für Frankreich rund um die Uhr, auch deutschsprachig: Lyon Tel. 04 72 17 12 22

ADAC-Notrufzentrale rund um die Uhr: München Tel. 00 49 89/22 22 22

ADAC-Ambulanzdienst rund um die Uhr: München Tel. 00 49 89/76 76 76

Pannenhilfe auf Autobahnen über Notrufsäulen, im übrigen Land durch *AIT-FIPA-Assistance* unter Tel. 05 08 92 22 (überall, außer auf Autobahnen, rund um die Uhr, auch deutschsprachig).

Apotheken *(Pharmacie)* erkennt man an einem blinkenden grünen Kreuz.

Fundbüros *(Bureaux des objets trouvés)* sind meist in die Stadtverwaltungen integriert. Beim *Verlust der Reisepapiere* wendet man sich zuerst an die örtlichen Gendarmerien, dann an die nächste diplomatische Vertretung.

Diplomatische Vertretungen

Deutsches Generalkonsulat: 338, av. du Prado, 13295 Marseille Cédex 08, Tel. 04 91 16 75 20, Fax 04 91 16 75 28

Konsulat in Nizza: 34, av. Henri Matisse, Tel. 04 93 83 55 25.

Konsulat in Monte Carlo: 2, rue des Giroflées, Tel. 00377/93 30 19 49.

Österreichisches Generalkonsulat: 27, cours Pierre Puget, 13006 Marseille, Tel. 04 91 53 02 08.

Konsulat in Nizza: 6, av. de Verdun, 0600 Nice, Tel. 04 91 38 70 13.

Konsulat in Monte Carlo: 7, bd des Moulins, Tel. 00377/93 30 23 00.

Schweizer Generalkonsulat: 7, rue d'Arcole, 13291 Marseille Cédex 06, Tel. 04 96 10 14 10, Fax 04 91 57 01 03.

Konsulat in Nizza: 13, rue Alphonse Karr, Tel. 04 93 87 15 93, Fax 04 93 88 52 47.

Besondere Verkehrsbestimmungen

Tempolimits (in km/h): Für Pkw (auch mit Anhänger), Motorräder und Wohnmobile innerorts 50, auf Straßen mit zwei Fahrstreifen 110 (bei Nässe 100), auf Autobahnen 130 (bei Nässe 110), auf sonstigen Straßen 90 (bei Nässe 80). Wer seinen Führerschein noch keine zwei Jahre besitzt, darf außerorts höchstens 80, auf Autobahnen höchstens 110 fahren. Bei Regen und Schnee ist *Abblendlicht* vorgeschrieben. Gelbe Streifen am Fahrbahnrand bedeuten *Parkverbot*. Der *Kreisverkehr* hat Vorfahrt. Die *Promillegrenze* liegt bei 0,5.

Anreise

Auto

Umfangreiches **Informations- und Kartenmaterial** können ADAC-Mitglieder kostenlos bei den Geschäftsstellen oder unter Tel. 01805/10 11 12 (24 Pf./Min.) anfordern. Außerdem ist beim ADAC Verlag die Urlaubskarte *Côte d'Azur, Provence* (Maßstab 1 : 200 000) erschienen. Aus dem deutschen Sprachraum kommt man an die Côte d'Azur über die Schweiz und das Tal der Isère (Genf, Grenoble, Digne, Cannes), über Italien und das Roya-Tal (Turin, Cuneo, Ventimiglia, Menton) und über Burgund, die Provence und das Rhônetal (Lyon, Avignon, Aix-en-Provence, Marseille).

Die französischen **Autobahnen** sind, bis auf kurze Strecken um die großen Städte, gebührenpflichtig *(Péage)*. Wegen der hohen Mautgebühren sind sie meist relativ leer, aber auch auf den Landstraßen ist der Verkehr nicht mit dem in Deutschland zu vergleichen. Ausnahmen: Die Ferien, insbesondere die Sommerferien, in denen ganz Frankreich entweder an den Atlantik oder in den Süden fährt.

Bahn und Autoreisezug

Die Côte d'Azur ist mit der **Eisenbahn** gut zu erreichen, die Hauptstrecken führen über Lyon–Orange–Avignon–Arles–Marseille–Cannes–Nizza–Menton und über Mailand–Genua–Menton–Nizza–Cannes–Marseille. Der **TGV**, Europas schnellster Zug, hält u.a. in Lyon, in Avignon und Marseille; zu allen anderen größeren Städten bestehen gute Verbindungen.

Nach Marseille, Toulon und Nizza fahren bequeme **Autoreisezüge** (mit Schlaf- und Liegewagen). Hierüber informiert die Deutsche Bahn Autozug, Tel. 018 05/ 2412 24, Internet: www.autozug.de.

Flugzeug

Der Binnenverkehr mit dem Flugzeug ist wesentlich billiger, wenn man die Tickets in Frankreich kauft. In diesem Fall ist es günstig, über Paris zu fliegen.

Internationale Flughäfen gibt es in *Marseille-Marignane* (Tel. 04 42 78 21 00) und *Nice-Côte d'Azur* (Tel. 04 93 21 30 30), **regionale Flughäfen** in *Toulon-Hyères* (Tel. 04 94 22 81 60) und *Cannes-Mandelieu* (Tel. 04 93 90 40 40) sowie den Héliport Monaco (Tel. 00377/92 05 00 50)

Bank, Post, Telefon

Bank

Öffnungszeiten: Mo–Fr 9–12, 14–16.30 Uhr. Eurocheques können bei fast allen Banken *(Change)* bis zu einer Höhe von 1400 Francs gewechselt werden. An zahlreichen Geldautomaten kann mit der EC-Karte Bargeld abgehoben werden.

Post

Öffnungszeiten der Postämter (PTT): Mo–Fr 9–12, 14–17 (auch 15–18; in größeren Orten oft durchgehend), Sa 9–12 Uhr. Briefmarken *(timbres)* sind auch in Tabakläden *(tabac)* und in Geschäften, die Ansichtskarten verkaufen, erhältlich. Briefe kosten innerhalb Europas 4 FF, Postkarten 2,50 FF. Inhaber von deutschen Postsparbüchern können bei französischen Postämtern Geld gebührenfrei abheben.

Telefon

Internationale Vorwahlen:
Frankreich 0033
Monaco 00377
Deutschland 0049
Österreich 0043
Schweiz 0041

Innerhalb Frankreichs sind die ehemaligen Vorwahlnummern fester Bestandteil der zehnstelligen Nummern und müssen immer mitgewählt werden. Sie beginnen in Südostfrankreich mit 04, bei Anrufen aus dem Ausland fällt die Null der Regionalkennzahl weg.

Für die meisten Telefonzellen benötigt man eine Karte *(Télécarte)*, die zu 40 und 96 FF bei Postämtern und Tabakläden erhältlich ist.

Mobiltelefone können im D1-, D2 und E-Plus-Netz benutzt werden.

Einkaufen

Die **Öffnungszeiten** der Geschäfte sind 9–12.30 und 15–19 Uhr, doch gibt es zahllose Abweichungen. Lebensmittelläden und Bäckereien *(Boulangerie)* öffnen meist schon um 7 Uhr. Bäckereien und Supermärkte haben in der Regel Sonntag vormittags geöffnet, sind dafür aber montags geschlossen.

Charcuterie (Wurstwaren) und *Boucherie* (Fleischwaren) sind meist verschiedene Geschäfte. Fast jeder Ort hat seinen *Markt* mit herrlichem Gemüse, duftenden Kräutern, Honig, Konfitüren und Käse, in Meeresnähe natürlich jede Menge Fisch und Krustentiere.

Souvenirs

Landestypische Souvenirs sind: kandierte Früchte und köstliche Konfitüren, Honig, Seifen und duftende Kräuter (›Herbes de Provence‹) als Duft- oder Würzmischung, Lavendelessenz und bunt bedruckte Stoffe (›Indiennes‹). Und natürlich die berühmten ›Santons‹ (aus Ton gebrannte, bunt bemalte Figürchen), Keramik aus Vallauris und Biot, Marrons Glacées aus Collobrières, Parfum aus Grasse. Ferner Kunsthandwerkliches (oder auch Kitsch) aus Elfenbein, Schmiedeeisen oder Olivenholz, Glaswaren aus Biot, regionale Weine oder das berühmte kalt gepresste Olivenöl (›Huile vièrge‹).

Essen und Trinken

Die tieferen Geheimnisse der natürlich auch an der Côte d'Azur heimischen **provenzalischen Küche** sind auch Reisenden mit schmalerem Geldbeutel nicht verschlossen. Die Region war einst ein armes Land, ihre Küche daher eher deftig, bäuerlich, keineswegs raffiniert. Frisches Gemüse, Gewürze wie Rosmarin, Lorbeer, Thymian und andere Wildkräuter, die hier unter südlicher Sonne zu einem Aroma reifen, wie es sich in unseren Breiten allenfalls schüchtern andeutet, Olivenöl, Brot und viel Knoblauch, an der Küste Fisch und Schalentiere, danach Schafs- und Ziegenkäse und vielleicht zum Abschluss ein Schluck köstlichen *Marc de Provence* (Tresterschnaps verschiedensten Alters und unterschiedlicher Konzentration) – das sind, in groben Zügen skizziert, die Konturen der provenzalischen Küche.

Natürlich darf der **Wein** nicht vergessen werden, der südlich von Bollène mehr und mehr als Monokultur die Landschaft bestimmt. Gut und bekömmlich sind meist die ›Hausweine‹ der Region, berühmt auch die Weine von Cassis und Bandol, von Ollioulles und Pierrefeu, von Bellet, Menton und Nizza. Zum Fisch empfiehlt sich ein trockener Weißer; wer zum Fleisch nicht auf Rot ›umsteigen‹ will, wählt den beliebten Rosé.

Die bekannten **Spezialitäten** der Provence waren ursprünglich Armeleuteessen. Die dicke Gemüsesuppe *(Soupe au pistou)* oder die *Ratatouille* (wörtlich: ›Fraß‹), der mit Kräutern gewürzte Gemüseeintopf, lassen sich mit einigem Gespür und Improvisationstalent aus den herrlich frischen Zutaten ebenso leicht herstellen wie die berühmte *Bouillabaisse*, bei der ursprünglich keine teuren Krustentiere, sondern lediglich die ›Abfälle‹ von Fischen verwendet wurden, die man auf dem Markt nicht verkaufen konnte. Obligatorisch sind heute mindestens drei Fische, die man zusammen mit den Schalentieren separat von der eigentlichen Fischsuppe *(Soupe de poissons* – kann auch gesondert als Vorspeise bestellt werden) serviert: *Rascasse* (Drachenkopf), *Congre* (Seeaal) und *Grondin* (Knurrhahn). Als Gewürze finden Salz, Pfeffer, Zwiebeln, Tomaten, Safran, Knoblauch, Lorbeer und Thymian Verwendung, auch Fenchel und Salbei sowie ein Stück Orangenschale und manchmal ein Schuss Wein oder Cognac. In jedem Fall gehören Croûtons (geröstete Würfel oder Scheiben aus Weißbrot) und die mit Knoblauch gewürzte Mayonnaise *Rouille* dazu. Sie ist nicht zu verwechseln mit der gelben *Aïoli*, einer köstlichen Mayonnaise, die gerne zu Hors-d'œuvres, zu Gemüse und Stockfisch *(Morue sèche)* gegessen und aus Eiern, Kartoffeln, Knoblauch und Olivenöl zubereitet wird. Weitere Fischsuppenspezialitäten sind die edle (und teure) weiße *Bourride*, ein Eintopf aus Seeteufel *(Lotte)* und Wolfsbarsch *(Loup de mer)*, sowie die *Brandade de morue*, ein Gericht, das aus zerkleinertem Stockfisch, Trüffeln, Milch, Olivenöl und natürlich auch Knoblauch hergestellt wird.

Fische verschiedenster Art (*Rouget*: Meerbarbe; *Sole*: Seezunge; *Merlan*: Weißling; *Raie*: Rochen; *Thon:* Thunfisch; *Espadon*: Schwertfisch), frisch vom Fang, und Schalentiere *(Coquillages)* lassen sich selbstverständlich auch auf mancherlei andere Art verzehren, z. B. gegrillt; in jedem Fall ist feinstes Olivenöl *(Huile vièrge)* mit im Spiel.

Im folgenden seien noch einige Spezialitäten der **Cuisine niçoise** aufgezählt, der Küche von Nizza, die sich deutlich von der provenzalischen westlich des Var unterscheidet. Wie in der ligurischen jenseits der italienischen Grenze spielt das köstliche Basilikum, frisch verarbeitet, eine wichtige Rolle: Dem ligurischen *Pesto* entspricht das nizzardische *Pistou*. Eingang in die internationale Küche hat die *Salade niçoise* gefunden, ein grüner Salat mit Bohnen, Rettich, Pinienkernen, Tomaten, Ei, Oliven, Thunfisch und Sardellen. Es gibt ihn auch als sandwichartiges Schnellgericht für unterwegs, als *Pan Bagnat. Pissaladiera (Pissaladière)* ist ein Kuchen, der mit Sardellenpüree und schwarzen Oliven belegt wird, *Tourte de bléa* eine Art Pizza mit gehackten Mangoldblättern, Korinthen und Pinienkernen, *Socca* ein Fladenkuchen aus Ki-

Olivenangebot der Superlative: Schnell lernt man die einzelnen Sorten namentlich zu unterscheiden – links z. B. die kleinen schwarzen ›Niçoises‹

chererbsen, *Le Tian* ein Gemüsekuchen aus Auberginen, Kürbis, Tomaten, Kartoffeln und Zwiebeln.

Wer essen möchte wie die Provenzalen, wird auf das **Frühstück** weitgehend verzichten und in einer Bar im Stehen *›un Café‹* (kleine Tasse schwarzer Kaffee), *›un Crème‹* (kleine Tasse Kaffee mit Milch) oder *›un Grand crème‹* (großer Milchkaffee) trinken, dazu gehört das obligatorische Croissant.

Die meisten Franzosen essen heute mittags nur noch eine Kleinigkeit (außer sonntags), abends dagegen umso üppiger. Hat man nicht vor, die französische Speisefolge von mindestens drei Gängen zu absolvieren, so gehe man nicht in ein Restaurant, sondern in eine Bar oder eine Brasserie.

Kaffee trinkt man nach dem Essen oder ›im Vorübergehen‹ in einer Bar – dort gibt es freilich auch Wein, Bier, Limonaden und diverse Aperitifs, vor allem die aus Anis hergestellten (Pernot, Picard, Pastis, Anisette). Eine herrliche Erfrischung an heißen Tagen ist *›Citron pressé‹*, frisch ausgepresster Zitronensaft, der nach Belieben mit Wasser (und Eiswürfeln, *Glaçons*) verdünnt wird. Wein wird – neben Wasser – zum Essen getrunken, selten außerhalb der Mahlzeiten.

Essenszeiten werden in der Regel strikt eingehalten: Mittags von 12 bis 14 Uhr, Abendessen gibt es selten vor 19 und noch seltener nach 21 Uhr. In jedem Fall sucht man sich im Restaurant nicht selbst den Tisch, sondern lässt ihn sich vom Ober zuweisen. Das Dessert wird in der Regel erst nach dem Hauptgang bestellt. Die Rechnung *(l'Addition)* enthält bereits das Trinkgeld *(Pourboire)*, doch ist eine Zugabe von 5–10 % der Rechnungssumme üblich – es sei denn, man wäre mit dem Service total unzufrieden gewesen.

Feste und Feiern

Feiertage

1. Januar (Neujahr/*Nouvel An*), Ostermontag (*Lundi de Pâques*), 1. Mai (Tag der Arbeit/*Fête du Travail*), 8. Mai (Ende des Zweiten Weltkriegs/*Armistice 1945*), Christi Himmelfahrt (*Ascension*), Pfingstmontag (*Lundi de Pentecôte*), 14. Juli (Nationalfeiertag/*Fête Nationale*), 15. August (Mariä Himmelfahrt/*Assomption*), 1. November (Allerheiligen/ *Toussaint*), 11. November (Ende des Ersten Weltkriegs/*Armistice 1918*), 25. Dezember (Weihnachten/*Noël*).

Feste

In den meisten Orten der Provence wird das Fest des jeweiligen Kirchenpatrons mit bunten, malerischen Umzügen und Tänzen gefeiert. Reich und bunt ist an der Côte d'Azur der Karneval, ein Frühlingsfest, in dem uralte heidnische Traditionen mitschwingen. Hier eine Auswahl:

Januar
Monaco (27. 1.): Fest der hl. Dévote.

Februar
Marseille (2. 2.): Kerzenfest (Mariä Lichtmess).
Cannes: Mimosenfest mit Blumenkorso und Festzug.

Nizza: (ab 14 Tage vor Faschingsdienstag): Karneval – Frühlingsfest seit 1539 mit prunkvollen Umzügen, Schauwa-

gen, Kavalkaden und Blumenkorsos *(Bataille de fleurs)*.
Menton: (Woche vor Faschingsdienstag) Zitronenfest mit prunkvollen Dekorationen und *Corsos aux fruits d'or* (= Festwagen mit Zitronen- und Orangenskulpturen, s. Abb. S. 125).

März/April
Roquebrune: Karfreitagsprozession.
Vence (Ostern): Volksfest mit *Bataille de fleurs* und provenzalischem Tanz.
Brignoles: Weinmesse im April.

Mai
Grasse: Rosenfest.
St-Tropez (16.–18. 5.): Bravade – Kirchweihfest zu Ehren des hl. Torpes [s. S. 50].

Juni
St-Tropez (15. 6.): ›Spanier-Bravade‹ zur Erinnerung an den 1637 errungenen Seesieg über 22 spanische Kriegsschiffe.
Allauch (24. 6.): Provenzalisches Johannisfest.
Signes (So nächst dem 24. 6.): *Fête de St-Éloi* mit Sonnwendfeuern, Festzug und Bravade.
Antibes (So nächst dem 29. 6.): St.-Peters-Fest mit Hafenprozession.

Juli
Cap d'Antibes: (1. und 2. So im Juli): Prozession der Seeleute.
Villefranche-sur-Mer: (1. Juliwochenende): St.-Peters-Fest.
Marseille (ca. 3.–13. 7.): Folklorefestival im Château Gombert, Tel. 0491051565.
Cassis (29. 7.): Lanzenstechen auf Booten.

August
Digne-les-Bains (1. Wochenende): Lavendelfest mit Korso.
Roquebrune-Cap Martin (5. 8.): Passionsprozession zur Erinnerung an die Errettung vor der Pest (1467).
Grasse (1. So): Jasminfest.
Villefranche (15. 8.): Hafenfest.
Collobrières (So nächst dem 15. 8.):

Fête des Fontaines.
In vielen Städten der Provence wird der 15. 8. (Mariä Himmelfahrt) festlich begangen – insbesondere da, wo die Kirchen Maria geweiht sind (z. B. Lichterprozession in Marseille).

September
Monaco: (3. September-Wochenende): Oldtimer-Ralley.

Oktober
Collobrières (die letzten drei So): *Fête de la Châtaigne* (Kastanienfest).

November
Monaco (19. 11.): Nationalfeiertag.
Marseille (vom letzten So im Nov. bis 6. Jan.): *Santons-Markt*.

Dezember
Allauch (24. 12.) Provenzalische Weihnachtsmette.

In allen Kirchen sind in der Weihnachtszeit z. T. sehr schöne, fantasievolle **Krippen** zu sehen, oft mit kunstvollen mechanischen Bewegungseffekten und den typisch provenzalischen Tonfigürchen *(Santons)*.

Klima und Reisezeit

Lange Zeit war die französische Mittelmeerküste das bevorzugte Ziel für den Winterurlaub. Linde Temperaturen, Sonne, Blütenpracht von Dezember bis Februar bieten auch heute noch eine faszinierende Alternative zum Winterklima anderer europäischer Regionen. An der Küste liegen die Temperaturen während dieser Jahreszeit bei 13–17 °C. Im Landesinneren dagegen kann es empfindlich kühl sein, selbst März und April sind häufig noch regnerisch. Ende März/Anfang April beginnt die dann Blüte der Obstbäume. Doch Mai und Juni sind wohl die schönsten Monate – Mohn, Ginster, Rosmarin und Thymian blühen. Im Juli/August sind vor allem die Küsten stark besucht, die Temperaturen liegen meist bei 30 °C. September und Oktober sind Monate mit beständig schönem Wetter, warm, aber nicht zu heiß.

Klimadaten Nizza

Monat	Luft (°C) min./max.	Wasser (°C)	Sonnen-std./Tag	Regen-tage
Jan.	4/13	13	5	9
Feb.	5/13	12	6	7
März	7/15	13	6	8
April	9/17	14	8	9
Mai	13/20	16	9	8
Juni	16/24	20	10	5
Juli	18/27	22	12	2
Aug.	18/27	23	11	4
Sept.	16/25	21	9	7
Okt.	12/21	19	7	9
Nov.	8/17	16	5	9
Dez.	5/13	14	4	9

Kultur live

Anspruchsvolle Ausstellungen, Konzert- und Theateraufführungen bieten die großen Städte, insbesondere Marseille und Nizza. Der Sommer ist Festivalzeit. Nicht nur in den großen Zentren, sondern auch in den zahlreichen kleineren Touristenorten der Küste und des Hinterlandes findet von Juli bis September eine Fülle von z. T. recht qualitätvollen kulturellen Veranstaltungen statt, über die die Broschüre ›Provence – Alpes-Côte d'Azur – Terre des Festivals – La Culture au cœur‹ ausführlich informiert. Sie wird herausgegeben vom Office Regional de la Culture, 50, rue Breteuil, 13006 Marseille.

Im Folgenden eine kleine Auswahl aus dem reichhaltigen Veranstaltungsprogramm:

März
Antibes: Jazzfestival

Mai – Juli
Cannes (Mai): Internationale Filmfestspiele, Tel. 01 45 61 66 00.

Nizza (Juni): *Festival de Musique Sacrée*, Tel. 04 93 13 20 52.

Digne-les-Bains (alle zwei Jahre im Juni): Bildhauersymposium.

Toulon (Ende Mai – Mitte Juli): Musikfestspiele.

Juli – September
Le Thoronet (Juli): *Festival de Musique Médiéval.*

Vence (Juli): Festspiele klassischer Musik, Tel. 04 93 58 74 75.

Nizza (August): Jazzfestival, Tel. 04 93 87 16 28.

Draguignan (19. 7.–30. 9.): *L'Été Contemporain Draçenois* (Kulturfestival, Tel. 04 94 67 23 63 u. 04 94 68 63 30).

Menton (Juli – Sept. in ›geraden‹ Jahren): Malerei-Biennale.

Antibes/Juan-les-Pins (2. Hälfte Juli): Jazzfestival.

Sisteron (Mitte Juli – Anfang Aug.): Musik-, Theater- und Tanzfestival.

Vallauris (Juli – Sept.): Internationale Keramikbiennale.

Brignoles (August): Jazz- und Klavierfestival.

Menton (August): Kammermusikfestspiele.

Karneval in Nizza: ›Bataille de fleurs‹

Oktober – Dezember
Marseille (Okt.– Dez.): *Festival de Musique des Amis de Saint-Victor.* (1. Hälfte Dezember): Internationale Kirchenmusiktage in St-Victor.

Nizza (Dez.): Festival des italienischen Films.

Nachtleben

Kasinos: Geöffnet meist von mittags bis spät in die Nacht. Zutritt nur in korrekter Kleidung, d. h. für den Herrn Jackett und – notfalls an der Garderobe auszuleihende – Krawatte.

Diskotheken: In Frankreich geht man in der Regel sehr spät aus (ab 23 Uhr; üblich sind Türsteher und Eintrittsgeld).

Sport

An Möglichkeiten, sich sportlich zu betätigen, fehlt es an der Côte d'Azur und ihrem Hinterland nicht. Es bieten sich wunderbare Gelegenheiten zum Wandern – etwa im Gebiet des Naturparks Mercantour, im Maurenmassiv und auf den Îles d'Hyères –, Fahrradfahren, Tennisspielen, Reiten, Segel- und Gleitschirmfliegen, zum Angeln und Klettern, Kanu- und Kajakfahren. An z. T. außerordentlich schönen Golfplätzen ist kein Mangel und an der Küste natürlich auch nicht an allen erdenklichen Möglichkeiten des Wassersports. In der Haute-Pro-

›Fête de Mai‹ in Haut-de-Cagnes

vence komplettieren reizvolle Skigebiete das Angebot. Nähere Informationen bei den Touristenbüros.

Angeln

Auskunft beim Conseil Supérieur de la Pêche, 134, av. Malakoff, 75016 Paris, Tel. 01 45 01 20 20.

Bergsteigen

Informationen beim Club Alpin Français (Nizza: Tel. 04 93 80 25 07; Otto Sports, Roquebillière, Tel. 04 93 03 44 30; Otto Sports, St-Martin-Vésubie, Tel. 04 93 03 26 60.

Fahrrad fahren

An größeren Bahnhöfen kann man Fahrräder mieten (*Train et Vélo*). Weitere Leihmöglichkeiten nennen die Fremdenverkehrsbüros [s. ›Praktische Hinweise‹]. Hügelige Strecken und mitunter starker Wind lassen das Radfahren allerdings oft recht anstrengend werden. Die Küstenstraßen sollte man als Radfahrer meiden, sie sind stark frequentiert.

Fliegen

Über **Drachenfliegen** und **Paragliding** informiert die Fédération Française de Vol libre, 4, rue de Suisse, 06000 Nice, Tel. 04 97 03 82 82, über **Ultraleichtfliegen** die Fédération Française de Planeur Ultra Léger Motorisé, 96 bis, rue Marc-Sangnier, 94700 Maison-Alfort, Tel. 01 49 81 74 43, über **Segelfliegen** die Association aéronautique Provence-Côte d'Azur, 83440 Fayence, Tel. 04 94 76 00 68.

Rundflüge organisieren folgende Veranstalter: Compagnie Air Nice, Tel. 04 93 21 34 93, Transports Aériens, Tel. 04 93 47 11 37 oder 04 93 90 40 25, Riviera Chart Air, Tel. 04 93 22 53 89 und Héli Air Monaco, Tel. 00377 / 92 05 00 50.

Golfsport

Ein kostenloser Führer, der über die 27 Golfplätze im Bereich der Côte d'Azur informiert, ist bei den regionalen Tourismusbehörden erhältlich.

Segeln

Genaue Angaben zu allen Häfen enthält der *Guide du plaisancier en Méditerranée*, Ed. France, Yachting Service; außerdem informiert die Fédération Française de Voile, 55, av. Kléber, 75084 Paris Cédex 16, Tel. 01 44 05 81 00.

Nationalsport Boule

Kein noch so winziger Ort – nicht nur in Südfrankreich –, der nicht eine entsprechende Bahn und Boule-Wettkämpfe hätte. Allabendlich trifft man sich zum Spielen, ist aktiv oder passiv dabei, agierend oder begutachtend. Das **Jeu de boules**, *das ›Kugelspiel‹, ist in erster Linie Männersache, und zwar eher der reiferen als der jüngeren Generation; langsam finden freilich auch Frauen Zugang zu diesem Spiel.*

Eine Boulekugel hat einen Durchmesser von 9–11 cm und ein Gewicht von 700–1300 Gramm. Zweieinhalb Millionen dieser Kugeln werden jährlich in Frankreich hergestellt. Die Kunst besteht darin, seine Kugel so nah wie möglich an die kleine hölzerne Zierkugel zu rollen, das sog. Schweinchen (Cochonnet), bzw. dort liegende gegnerische Kugeln von diesem wegzuschießen. Ersteres macht der Ponteur (Zieler), letzteres der Tireur (Schießer). Man unterscheidet zwei Spielweisen: Beim **Pétanque** *(provenzalisch: ped tanco, festgehefteter Fuß) wird die Kugel aus dem Stand geworfen, beim* **Jeu Provençal** *mit Anlauf.*

Tauchen

Comité Régional Côte d'Azur des Sports soumarins, Cap Blanc, Port de Bormes, 83230 Bormes les-Mimosas, Tel. 04 94 00 40 71.

Wandern

Detaillierte Informationen geben die *Topo-Guides*, erhältlich beim Comité des Sentiers de Grande Randonnée, Centre d'Information, 64, rue de Gergovie, 75014 Paris, Tel. 01 43 95 61 62, 01 45 40 55 58.

Informationen zum Nationalpark Mercantour gibt es beim Centre Information Montagne du Parc Nat. du M., 23, rue d'Italie, 06000 Nice.

Wildwassersport

Comité départemental de spéléologie de Bouches du Rhône, Tel. 04 91 83 21 51.

Wintersport

Zentren sind u. a. St-Martin-Vésubie und Tende. Adressen für nähere Auskünfte siehe unter ›Bergsteigen‹.

Sprache

Wer in Frankreich unterwegs ist, sollte zumindest ein paar Worte Französisch sprechen. Hilfreicher Reisebegleiter ist der umfassende Sprachführer [s. S. 137 ff.].

Provenzalisch

Provenzalisch ist kein Dialekt des Französischen, sondern – wenn schon – einer der *Langue d'Oc*, jener dem Katalanischen und Italienischen mehr als dem Französischen verwandten Sprache. Die Langue d'Oc war vor der Eroberung des Südens durch die Franzosen nicht nur eine der großen Kultursprachen Europas, sondern – nach dem Latein – deren erste und älteste. Heute ist sie fast ausgestorben. Sie war die Sprache der Troubadoure und darüber hinaus das allgemeine Verständigungsmittel. Zur Zeit der Französischen Revolution beherrschten noch 95 % der Bewohner Südfrankreichs das Provenzalische, erst in jüngerer Zeit wurde die Langue d'Oc der Bevölkerung systematisch ausgetrieben. Und erst in allerjüngster Zeit ist eine Gegenbewegung zu spüren, die zumindest symbolisch in der zweisprachigen Fassung mancher Ortsschilder Ausdruck findet. Auch gibt es vielerorts Schulen und Kurse für Provenzalisch (z. B. in Cannes, Tel. 04 93 47 33 22).

Statistik

Lage: *Côte d'Azur* wird der rund 300 km lange Küstenstreifen genannt, der sich zwischen Menton und Cassis erstreckt. Im weiteren Sinne gehört auch das Hinterland dazu, das heute gern werbewirksam als *Alpes d'Azur* bezeichnet wird.

Verwaltung: Die Côte d'Azur umfasst die *Départements Var* und *Alpes maritimes*, sie ist Teil der *Riviera*, jenes Küstenbogens des Ligurischen Meeres, der vom europäischen Festland zur italienischen Halbinsel hinüberschwingt. Seinen Mittelpunkt bildet die alte Seerepublik Genua, der östliche Abschnitt – bis La Spezia – heißt *Riviera di Levante*, der westliche, italienische bis Ventimiglia, von da an französisch, *Riviera di Ponente*.

Bevölkerung: *Marseille* ist mit rund 798 000 Einwohnern (Großraum: 1,2 Millionen) die zweitgrößte Stadt Frankreichs; im hier beschriebenen Gebiet folgen *Nizza* (341 000; Großraum; 520 000) und *Toulon* (160 000 bzw. 450 000). Im Bereich der Côte d'Azur leben etwa 1,5 Millionen Menschen, davon die meisten an der Küste – 8 Millionen kommen Jahr für Jahr als Besucher.

Wirtschaft: Insgesamt ist der *Tourismus* heute der bedeutendste wirtschaftliche Faktor der Region: Die Besucher lassen jährlich über 30 Milliarden Francs in der Region, mehr als ein Drittel sämtlicher Arbeitnehmer sind im Tourismusgewerbe tätig. Entsprechend zurückgegangen ist die Bedeutung traditioneller Tätigkeiten, etwa des Fischfangs. Nach wie vor jedoch haben Obst- und Gemüseanbau, auch Blumenzucht und – insbesondere in der Gegend um Grasse – die Herstellung von Essenzen für die Parfümindustrie einen beachtlichen Stellenwert.

Industrie wurde vor allem um Marseille und Toulon herum angesiedelt, Monaco hat sich passenderweise auf kosmetische Betriebe spezialisiert, an der Côte selbst setzt man ansonsten auf innovative, ›saubere‹, umweltverträgliche Technologien – wichtiges Zentrum ist Frankreichs ›Silicon Valley‹ *Sophia Antinopolis* (gegründet 1969 im Hinterland von Antibes).

Unterkunft

Hotels

Neben den Fremdenverkehrsbüros vermittelt die **Fédération Nationale des Logis de France** 82, av. d'Italie, 75013 Paris, Tel. 01 45 84 70 00 kleinere, preiswerte, oft sehr persönlich geführte Hotels. Zu empfehlen sind auch die im **France Accueil** zusammengeschlossenen Hotels. Prospektmaterial erhält man über das Büro **Hôtels Indépendents Français (HIF)**, Friedrichstr. 37, 60232 Frankfurt/Main, Tel. 0 69 / 72 76 33, Fax 0 69 / 17 26 61.

Außerhalb der französischen Schulferien ist es in der Regel nicht allzu schwer, auch unangemeldet ein Zimmer zu bekommen. Allerdings sind im Januar und Februar viele Hotels geschlossen. Für ein einfaches Zimmer zahlt man pro Person ungefähr 30–50 DM, mit Dusche 50–80 DM, für komfortable Zimmer mit Bad und WC 80–120 DM, für sehr komfortable mindestens 150 DM. Nach oben sind keine Grenzen gesetzt.

Chalets, Camping, Jugendherbergen

Vielerorts gibt es **Ferienhäuser**, die wochenweise vermietet werden. Sie sind mit allem Notwendigen ausgestattet, was man zur Selbstversorgung braucht (Preise für zwei Zimmer, Küche und Bad je nach Gegend und Jahreszeit pro Woche ca. 300–800 DM).

Auskunft und Verzeichnisse u. a. bei *Inter Châlet*, Kaiser-Joseph-Straße 263, 79098 Freiburg, Tel. 07 61 / 21 00 77, *Voyages Sud-Soleil Deutschland*, Günterstalstr. 17, 79102 Freiburg, Tel. 07 61/70 87 00.

Über preiswerte **Privatquartiere** informieren Maison des Gîtes de France, 35, rue Godot-de-Mauroy, 75009 Paris, Tel. 01 49 70 75 75, und Gîtes de France, 55, pr. des Anglais, 06000 Nice, Tel. 04 92 15 21 30.

Einige **Campingplätze** sind im Text erwähnt. Detaillierte Auskunft über geprüfte Campingplätze gibt der jährlich neu erscheinende *ADAC Camping-Caravaningführer, Band 1, Südeuropa* mit CD-Rom.

Über **Jugendherbergen** informiert die Fédération Française Unie des Auberges de Jeunesse, 9, rue Brantome, 75003 Paris, Tel. 01 48 04 70 40, oder 60, rue Vitruve, 75020 Paris, Tel. 01 55 25 35 00, oder das Deutsche Jugendherbergswerk, Bismarckstr. 8, 32756 Detmold, Tel. 0 52 31/7 40 10.

Auskunft über die **Gîtes d'Étappes** (preisgünstige Unterkünfte ohne Altersbegrenzung) geben die Fremdenverkehrsämter.

Verkehrsmittel im Land

Öffentliche Verkehrsmittel

Der innerstädtische und regionale Verkehr an der Côte d'Azur funktioniert gut. Buslinien machen die meisten Orte auch ohne Auto erreichbar (Busbahnhof = *Gare routière*). Die Fremdenverkehrsbüros [s. ›Praktische Hinweise‹] bieten Fahr- und Übersichtspläne an. In Marseille gibt es außerdem eine U-Bahn (Métro).

Bahn

Einige stillgelegte kleine, z. T. **sehr reizvolle Bahnstrecken** wurden reaktiviert, so z. B. die malerische *Roya-Tal-Bahn* (Nizza–Breil–Tende–Cuneo) oder der – nur von Mai bis Oktober verkehrende, mit Dampf betriebene – sog. *Pinienzapfenzug (Train des Pignes)* von Nizza nach Digne.

Mit dem **France-Vacances-Pass** besteht die Möglichkeit, an vier Tagen innerhalb von zwei Wochen oder an neun Tagen innerhalb eines Monats beliebig viele Strecken des französischen Eisenbahnnetzes zu benutzen. Der Pass muss im Ausland gekauft werden. Auskunft in jedem Reisebüro oder bei den Generalvertretungen der französischen Bahnen (SNCF):

Deutschland: Westendstr. 24, 60325 Frankfurt, Tel. 069/72 84 45-46

Österreich: Mariahilferstr. 84, 1070 Wien 1, Tel. 01/526 58 98 0

Schweiz: Effingerstr. 31, 3001 Bern, Tel. 0 31/3 81 11 01

Mietwagen

Mietwagen der bekannten Verleihfirmen gibt es in allen größeren Orten.

ADAC-Mitglieder können über die ADAC-Autovermietung GmbH, Tel. 018 05 / 31 81 81 (24 Pf./Min) oder ihre lokale Geschäftsstelle preisgünstiger ein Auto vorbuchen.

Sprachführer

Das Wichtigste in Kürze

Ja / Nein	*Oui / Non*
Bitte / Danke	*S'il vous plaît / Merci*
In Ordnung. / Einverstanden.	*Très bien. / D'accord.*
Entschuldigung!	*Pardon! / Excuse(z)-moi!*
Wie bitte?	*Comment? / Vous dites?*
Ich verstehe Sie nicht.	*Je ne vous comprends pas.*
Ich spreche nur wenig Französisch.	*Je ne parle que peu le français.*
Können Sie mir bitte helfen?	*Pourriez-vous m'aider, s'il vous plaît?*
Das gefällt mir (nicht).	*Cela (ne) me plaît (pas).*
Ich möchte …	*Je voudrais …*
Haben Sie …?	*Avez-vous …?*
Gibt es …?	*Y a-t-il …?*
Wie viel kostet das?	*Cela coûte combien?*
Kann ich mit Kreditkarte bezahlen?	*Puis-je régler avec une carte de crédit?*
Wie viel Uhr ist es?	*Quelle heure est-il?*
Guten Morgen! / Guten Tag!	*Bonjour!*
Guten Abend!	*Bonsoir!*
Gute Nacht!	*Bonne nuit!*
Hallo! / Tschüs!	*Salut!*
Mein Name ist …	*Je m'appelle …*
Wie ist Ihr Name, bitte?	*Quel est votre nom, s'il vous plaît?*
Wie geht es Ihnen?	*Comment allez-vous?*
Auf Wiedersehen!	*Au revoir!*
Bis bald!	*A bientôt!*
Bis morgen!	*A demain!*
gestern / heute / morgen	*hier / aujourd'hui / demain*
am Vormittag / am Nachmittag	*le matin / l'après-midi*
am Abend / in der Nacht	*le soir / la nuit*
um 1 Uhr / 2 Uhr …	*à une heure / à deux heures …*
um Viertel vor / nach …	*à … moins le quart / et quart*
um … Uhr 30	*à … heure(s) trente*
Minute(n) / Stunde(n)	*minute(s) / heure(s)*
Tag(e) / Woche(n)	*jour(s) / semaine(s)*
Monat(e) / Jahr(e)	*moi(s)/an(s)/année(s)*

Zahlen

0	*zero*	19	*dix-neuf*
1	*un*	20	*vingt*
2	*deux*	21	*vingt-et-un*
3	*trois*	22	*vingt-deux*
4	*quatre*	30	*trente*
5	*cinq*	40	*quarante*
6	*six*	50	*cinquante*
7	*sept*	60	*soixante*
8	*huit*	70	*soixante-dix*
9	*neuf*	80	*quatre-vingt*
10	*dix*	90	*quatre-vingt-dix*
11	*once*	100	*cent*
12	*douze*	200	*deux cents*
13	*treize*	1 000	*mille*
14	*quatorze*	2 000	*deux mille*
15	*quinze*	10 000	*dix mille*
16	*seize*	1000 000	*un million*
17	*dix-sept*	1/2	*un demi*
18	*dix-huit*	1/4	*un quart*

Wochentage

Montag	*lundi*
Dienstag	*mardi*
Mittwoch	*mercredi*
Donnerstag	*jeudi*
Freitag	*vendredi*
Samstag	*samedi*
Sonntag	*dimanche*

Monate

Januar	*janvier*
Februar	*février*
März	*mars*
April	*avril*
Mai	*mai*
Juni	*juin*
Juli	*juillet*
August	*août*
September	*septembre*
Oktober	*octobre*
November	*novembre*
Dezember	*décembre*

Maße

Kilometer	*kilomètre*
Meter	*mètre*
Zentimeter	*centimètre*
Kilogramm	*kilogramme*
Pfund	*livre*
Gramm	*gramme*
Liter	*litre*

Unterwegs

Nord / Süd / West / Ost	*nord / sud / ouest / est*
oben / unten	*en haut / dessous*
geöffnet / geschlossen	*ouvert / fermé*
geradeaus / links / rechts / zurück	*tout droit / gauche / droite / en arrière*
nah / weit	*proche / loin*
Wie weit ist das?	*A quelle distance d'ici se trouve-t-il?*
Wo sind die Toiletten?	*Où sont les toilettes?*
Wo ist die (der) nächste …	*Où se trouve …*
Telefonzelle /	*la cabine téléphonique /*
Bank /	*la banque /*
Post /	*le bureau de poste /*
Polizei /	*le station de police/*
Geldautomat?	*le distributeur de billets la / le plus proche?*
Wo ist …	*Où se trouve …*
der Bahnhof /	*la gare /*
die U-Bahn /	*le métro /*
der Flughafen?	*l'aéroport?*
Wo finde ich …	*Où se trouve …*
eine Bäckerei /	*une boulangerie /*
ein Fotogeschäft /	*un magasin photographiques /*
ein Kaufhaus /	*un grand magasin /*
ein Lebensmittelgeschäft /	*une épicerie /*
einen Markt?	*un marché?*

Hinweise zur Aussprache

ai	wie ›ä‹, Bsp.: **lait**
au	wie ›o‹, Bsp.: **auto**, **gauche**
eu	wie ›ö‹, Bsp.: **peu**, **deux**
ou	wie ›u‹, Bsp.: **rouge**
ue	wie ›ü‹, Bsp.: **rue**, aven**ue**
c	vor ›e‹ und ›i‹ wie ›s‹, Bsp.: **ce**, **cide**
c	vor ›a‹ und ›o‹ wie ›k‹, Bsp.: **cabinet**, **compagnie**
ch	wie ›sch‹ Bsp.: **chips**
h	am Wortanfang ist immer stumm, Bsp.: **hommage**
g	vor ›e‹ und ›i‹ wie ›dsch‹, Bsp.: **gentile**, **gilet**
gn	wie ›nj‹, Bsp.: co**gn**ac, a**gn**eau
p, s, t	sind am Wortende meist stumm, Bsp.: tro**p**, trè**s**, mo**t**
-tion	bei dieser Silbe ›t‹ wie ›s‹, Bsp.: na**tion**
q, qu	wie ›k‹, Bsp.: co**q**, **qu**i
v	wie ›w‹, Bsp.: **vie**
z	wie ›s‹, Bsp.: **z**éro

Ist das der Weg / die Straße nach …?	*Est-ce que le chemin / la route / la rue pour …?*
Gibt es einen anderen Weg?	*Y a-t-il un autre chemin?*
Ich möchte mit dem Zug / Schiff / Fähre /Flugzeug nach … fahren.	*Je voudrais prendre le train / le bateau / le ferry-boat/l'avion pour …*
Ist der Preis für Hin- und Rückfahrt?	*Est-ce que le prix aller-retour?*
Wie lange gilt das Ticket?	*Pour combien de temps le ticket sera valide?*
Wo ist das Fremdenverkehrsamt /	*Où se trouve l'Office du Tourisme/*
Reisebüro?	*l'agence de voyages?*
Ich benötige eine Hotelunterkunft.	*J'ai besoin d'un hôtel.*
Wo kann ich mein Gepäck lassen?	*Où puis-je laisser mes bagages?*
Ich habe meinen Koffer verloren.	*J'ai perdu ma valise.*
Ich möchte eine Anzeige erstatten.	*Je voudrais déposer une plainte.*
Man hat mir …	*On m'a volé …*
Geld /	*de l'argent /*
meine Tasche /	*mon sac /*
meine Papiere /	*mes papiers /*
die Schlüssel /	*les clés /*
meinen Fotoapparat /	*mon appareil photo /*
meinen Koffer /	*ma valise/*
mein Fahrrad gestohlen.	*ma bicyclette.*

Freizeit

Ich möchte ein …	*Je voudrais louer …*
Fahrrad /	*une bicyclette /*
Motorrad /	*une moto /*
Surfbrett /	*une planche à voile /*
Mountainbike / Boot /	*un v.t.t. / un bateau /*
Pferd mieten.	*un cheval.*
Gibt es ein(en)	*Y a-t-il …*
Freizeitpark /	*un parc d'attractions /*
Freibad /	*une piscine /*
Golfplatz /	*un terrain de golf /*
Strand in der Nähe?	*la plage près d'ici?*
Wann hat … geöffnet?	*Quelles sont les horaires d'ouverture …?*

Bank, Post, Telefon

Ich möchte Geld wechseln.	*Je voudrais changer de l'argent.*
Brauchen Sie meinen Ausweis?	*Avez-vous besoin de ma carte d'identité?*

Wo soll ich unterschreiben?	*Où dois-je signer?*
Ich möchte eine Telefonverbindung nach …	*Je voudrais une communication avec …*
Wie lautet die Vorwahl für …?	*Quel est le préfixe pour …?*
Wo gibt es … Münzen für den Fernsprecher / Telefonkarten / Briefmarken?	*Où peut-on trouver … des jetons / des cartes téléphoniques / des timbres?*

Tankstelle

Wo ist die nächste Tankstelle?	*Où est-ce que la station d'essence la plus proche?*
Ich möchte … Liter … Super / Diesel bleifrei / verbleit / mit … Oktan.	*Je voudrais … litres … de super / gasoil sans plomb / au plomb / à … octane.*
Volltanken, bitte.	*Faites le plein, s'il vous plaît.*
Prüfen Sie bitte …	*Vèrifiez s'il vous plaît, …*
den Reifendruck /	*la pression de gonflage /*
den Ölstand /	*le niveau d'huile /*
den Wasserstand /	*le niveau d'eau /*
das Wasser für die Scheibenwischanlage /	*l'eau pour le système essuieglaces /*
die Batterie.	*la batterie.*
Würden Sie bitte …	*Pourriez-vous s'il vous plaît …*
den Ölwechsel vornehmen /	*faire la vidange d'huile /*
den Radwechsel vornehmen /	*effectuer le changement de roue(s) /*
die Sicherung austauschen /	*échanger le fusible /*
die Zündkerzen erneuern /	*échanger les bougies /*
die Zündung nachstellen?	*régler l'allumage?*

Panne

Ich habe eine Panne.	*Je suis en panne.*
Der Motor startet nicht.	*Le moteur ne démarre pas.*
Ich habe die Schlüssel im Wagen gelassen.	*J'ai laissé les clés dans la voiture.*
Ich habe kein Benzin / Diesel.	*Je n'ai plus d'essence / de diesel.*
Gibt es hier in der Nähe eine Werkstatt?	*Est-ce qu'il y a un garage près d'ici?*
Können Sie mein Auto abschleppen?	*Pourriez-vous remorquer la voiture?*
Können Sie mir einen Abschleppwagen schicken?	*Est-ce que vous pouvez m'envoyer une dépanneuse?*
Können Sie den Wagen reparieren?	*Pouvez-vous réparer la voiture?*
Wann wird er fertig sein?	*Quand sera-t-elle prête?*

Mietwagen

Ich möchte ein Auto mieten.	*Je voudrais louer une voiture.*
Was kostet die Miete … pro Tag / pro Woche / mit unbegrenzter km-Zahl / mit Kaskoversicherung / mit Kaution?	*Combien coûte la location … par jour / par semaine / avec kilométrage illimité / avec assurance tous risques / avec la caution?*
Wo kann ich den Wagen zurückgeben?	*Où puis-je rendre le véhicule?*

Unfall

Hilfe!	*Au secours!*
Achtung! / Vorsicht!	*Attention!*
Bitte rufen Sie schnell … einen Krankenwagen / die Polizei / die Feuerwehr.	*S'il vous plaît, appelez vite … une ambulance / la police / les sapeurs-pompiers.*
Es ist (nicht) meine Schuld.	*C'est (ce n'est pas) de ma faute.*
Geben Sie mir bitte Ihren Namen und Ihre Adresse.	*Veuillez me donner votre nom et adresse, s'il vous plaît.*
Ich brauche die Angaben zu Ihrer Autoversicherung.	*J'aurais besoin des données de votre assurance automobile.*

Krankheit

Können Sie mir einen guten Deutsch sprechenden Arzt / Zahnarzt empfehlen?	*Pourriez-vous me conseiller un bon médecin / dentiste qui parle allemand?*
Wann hat er Sprechstunde?	*Quelles sont ses heures de consultation?*
Wo ist die nächste Apotheke?	*Où est-ce que la pharmacie la plus proche?*
Ich brauche ein Mittel gegen …	*J'aurais besoin d'un médicament contre …*

Durchfall /	*la diarrhée /*
Fieber /	*la fièvre /*
Insektenstiche /	*les piqûres d'insecte /*
Verstopfung /	*la constipation /*
Zahnschmerzen.	*le mal de dents.*

Im Hotel

Ich habe bei Ihnen ein Zimmer reserviert.	*J'ai réservé une chambre chez vous.*
Haben Sie ein … Einzel- / Doppelzimmer … mit Dusche / mit Bad / WC?	*Auriez-vous … une chambre à un lit / une chambre à deux lits avec douche / avec salle de bains / WC?*
für eine Nacht / für eine Woche? mit Blick aufs Meer?	*pour une nuit / pour une semaine / avec vue sur la mer?*
Was kostet das Zimmer … mit Frühstück / mit Halbpension / mit Vollpension?	*Combien coûte la chambre … avec petit-déjeuner / avec demi-pension / avec pension compléte?*
Wie lange gibt es Frühstück?	*Jusqu'à quelle heure peut-on prendre le petit-déjeuner?*
Ich möchte um … Uhr geweckt werden.	*Je voudrais qu'on me réveille à … heure(s).*
Ich reise heute abend / morgen früh ab.	*Je pars ce soir / demain matin.*
Haben Sie ein Faxgerät / Hotelsafe?	*Avez-vous un fax / un coffre-fort?*

Im Restaurant

Wo gibt es ein gutes / günstiges Restaurant?	*Pourriez-vous m'indiquer un bon restaurant/un restaurant pas trop cher?*
Die Speisekarte / Getränkekarte, bitte.	*Je voudrais la carte / la carte des boissons, s'il vous plaît.*
Ich möchte das Tagesgericht / Menü (zu…)	*Je voudrais le plat du jour/le menu (à …).*
Welches Gericht können Sie besonders empfehlen?	*Quel plat pourriez-vous recommander particulierment?*
Ich möchte nur eine Kleinigkeit essen.	*Je voudrais manger qu'un petit quelque chose.*
Haben Sie vegetarische Gerichte?	*Avez-vous des plats végétariens ?*
Können Sie mir bitte … ein Messer / eine Gabel / einen Löffel bringen?	*Pourriez-vous m'apporter … un couteau / une fourchette / une cuillère, s'il vous plaît?*
Darf man hier rauchen?	*Peut-on fumer ici?*
Die Rechnung bitte!	*L'addition, s'il vous plaît!*

Essen und Trinken

Apfel	*pomme*
Artischocke	*artichaut*
Austern	*huîtres*
Bier	*bière*
Brot / Brötchen	*pain /petit pain*
Butter	*beurre*
Ei	*œuf*
Eiskrem	*glace*
Erdbeeren	*fraises*
Essig	*vinaigre*
Fisch	*poisson*
Flasche	*bouteille*
Fleisch	*viande*
Fruchtsaft	*jus de fruits*
Gemüse	*légume*
Glas	*verre*
Hammelfleisch	*mouton*
Himbeeren	*framboises*
Hummer	*homard*
Joghurt	*yaourt*
Kaffee mit Milch	*café au lait*
Kaffee, schwarzer	*café noir*
Kalbfleisch	*veau*
Kartoffeln	*pommes de terre*
Käse	*fromage*
Krabben, Garnelen	*crevettes*
Kuchen	*gâteau*
Lammfleisch	*agneau*
Leber	*foie*
Leberpastete	*pâte de foie*
Meeresfrüchte	*fruits de mer*
Milch	*lait*
Mineralwasser (mit / ohne Kohlensäure	*l'eau minérale gazeuse / non gazeuse*
Obst	*fruits*
Öl	*huile*
Pfeffer	*poivre*
Pfirsiche	*pêches*
Reis	*riz*
Rindfleisch	*bœuf*
Salz	*sel*
Schinken	*jambon*
Schweinefleisch	*porc*
Spinat	*épinards*
Suppe	*soupe*
Tomaten	*tomates*
Wein (Weiß / Rot / Rosé)	*vin (blanc / rouge / rosé)*
Zwiebeln	*oignons*

Register

K

L

M

N

Bildnachweis

Christian Heeb, St. Gallen: 8 unten, 13 oben, 23, 25, 31, 34, 47, 53 (2), 56, 58, 59, 61, 72, 111, 113 (2) – *Dieter Herbrecht, München:* 35 oben, 39, 40, 50, 102 oben, 123, 125, 126, 133, 134 – *Kurt Krieger, München:* 15 – *laif, Köln:* 1, 80/81 (*Anna Neumann*) – *LOOK, München (Christian Heeb):* 16/17, 29, 33, 60, 62, 91, 95, 120 (*Franz Marc Frey*) 20 – *Peter Mertz, Innsbruck:* 8 oben, 117 oben – *Werner Stuhler, Hergensweiler:* 87 unten – *Martin Thomas, Aachen:* 6, 6/7, 9 unten, 10 (2), 11 (2), 21, 24, 35 unten, 36, 37, 42, 43, 44, 48/49, 51, 54/55, 55, 64, 65, 66, 67, 69 ,70, 71, 73, 75, 77 (2), 78, 79, 80, 82, 84, 85, 86, 87 oben, 88 (2), 90, 92, 93, 96, 97, 98, 100, 101, 102 Mitte u. unten, 104/105, 106 (2), 107, 108, 110, 112, 114, 115 (2), 117 unten, 118 (2), 119, 124, 131 – *Ernst Wrba, Sulzbach:* 18/19, 27. Alle übrigen Abbildungen stammen aus dem Archiv des Verlages.

In der ADAC-Reiseführer-Reihe sind erschienen:

Ägypten
Andalusien
Australien
Bali und Lombok
Barcelona
Berlin
Bodensee
Brandenburg
Brasilien
Bretagne
Budapest
Burgund
Costa Brava und Costa Daurada
Côte d'Azur
Dalmatien
Dominikanische Republik
Dresden
Elsaß
Emilia Romagna
Florenz
Florida
Französische Atlantikküste
Fuerteventura
Gardasee
Golf von Neapel
Gran Canaria
Hamburg
Irland
Israel
Istrien und Kvarner Golf
Italienische Adria
Italienische Riviera
Jamaika
Kalifornien
Kanada – Der Osten
Kanada – Der Westen
Karibik
Kenia
Kreta
Kuba
Kykladen
Lanzarote
London
Madeira
Mallorca
Malta
Marokko
Mecklenburg-Vorpommern
Mexiko
München
Neuengland
Neuseeland
New York
Norwegen
Oberbayern
Paris
Peloponnes
Portugal
Prag
Provence
Rhodos
Rom
Salzburg
Sardinien
Schleswig-Holstein
Schottland
Sizilien
St. Petersburg
Südafrika
Südengland
Südtirol
Teneriffa
Tessin
Thailand
Toskana
Türkei-Südküste
Türkei-Westküste
Tunesien
Umbrien
Ungarn
USA-Südstaaten
USA-Südwest
Venedig
Venetien und Friaul
Wien
Zypern

Weitere Titel in Vorbereitung

Impressum

Umschlag-Vorderseite: Stadtansicht und Hafen von Menton
Foto: Bildagentur Mauritius, Mittenwald (H. Schmied)

Titelseite: Im Hafen von Villefranche-sur-Mer
Foto: laif, Köln (Anna Neumann)

Abbildungen: siehe Bildnachweis S. 143

Lektorat und Bildredaktion: Gabriele Ebbecke
Aktualisierung: Edigna Hackelsberger
Umschlag, Gestaltung: Norbert Dinkel, München
Herstellung: Hartmut Czauderna, Gräfelfing
Karten: Kartographie Huber, München (Übersichtskarte), Computerkartographie Carrle (Stadtpläne, Pilotkarten)
Reproduktion: G.P.S., München
Satz: Filmsatz Schröter GmbH, München
Druck, Bindung: Spiegel Buch GmbH, Ulm
Printed in Germany

ISBN 3-87003-665-6

Gedruckt auf chlorfrei gebleichtem Papier

3., neu bearbeitete Auflage 2000

Redaktion ADAC-Reiseführer:
ADAC-Verlag GmbH, 81365 München

Die Daten und Fakten für dieses Werk wurden mit äußerster Sorgfalt recherchiert und geprüft. Da vor allem touristische Informationen häufig Veränderungen unterworfen sind, kann für die Richtigkeit der Angaben leider keine Gewähr übernommen werden. Die Redaktion ist für Hinweise und Verbesserungsvorschläge dankbar.